PROGRAMADOS PARA AMAR

STEPHANIE CACIOPPO

PROGRAMADOS PARA AMAR

UN VIAJE POR LA NEUROCIENCIA DEL ROMANCE, EL DUELO Y LA ESENCIA DE LA CONEXIÓN HUMANA

OCEANO

PROGRAMADOS PARA AMAR
Un viaje por la neurociencia del romance,
el duelo y la esencia de la conexión humana

Título original: WIRED FOR LOVE. A Neuroscientist's Journey Through
          Romance, Loss, and the Essence of Human Connection

© 2022, Stephanie Cacioppo

Traducción: Marcelo Andrés Manuel Bellon

Diseño de portada: Matt Chase
Fotografía de portada: cortesía de The Bioheritage Diversity Library
Fotografía de la autora: Ken Weingart

D. R. © 2023, Editorial Océano de México, S.A. de C.V.
Guillermo Barroso 17-5, Col. Industrial Las Armas
Tlalnepantla de Baz, 54080, Estado de México
info@oceano.com.mx

Primera edición: 2023

ISBN: 978-607-557-668-8

Impreso en México / Printed in Mexico

Para ti

Índice

Introducción

No puedes culpar a la gravedad por enamorarte.
—ALBERT EINSTEIN

Paul Dirac no era la encarnación de un príncipe azul para nadie. Pero era un genio. De hecho, después de Einstein, Dirac fue quizás el físico teórico más brillante del siglo XX. Fue pionero en el campo de la mecánica cuántica. Predijo acertadamente la existencia de la antimateria. En 1933, ganó un Premio Nobel, cuando tenía sólo 31 años. Sin embargo, en términos de su vida personal, el físico era el equivalente social de un agujero negro. Sus colegas lo describían como patológicamente reticente y, como parte de una broma, inventaron una unidad llamada el "dirac" para medir su ritmo de conversación: una palabra por hora. En la Universidad de Bristol, y luego en la escuela de posgrado en Cambridge, Dirac no entabló amistades estrechas, por no hablar de relaciones románticas. Sólo se preocupaba por su trabajo y le sorprendía que otros físicos gastaran su valioso tiempo leyendo poesía, algo que consideraba como "incompatible" con la ciencia. Alguna vez, asistiendo a un baile con su colega físico Werner Heisenberg, Dirac contempló el mar de cuerpos balanceándose sin entender el sentido de este extraño ritual.

—¿Por qué bailas?,[1] —le preguntó Dirac a su colega.

—Cuando hay chicas agradables, es un placer bailar —respondió él.

Dirac reflexionó en su respuesta por un largo rato, luego planteó la siguiente pregunta:

—Heisenberg, ¿cómo puedes saber de *antemano* que las chicas son agradables?

En 1934, Dirac conoció a una mujer húngara de mediana edad, llamada Margit Wigner. Todo el mundo le decía Manci. Ella era su opuesto en muchos aspectos: científicamente analfabeta, extrovertida, *divertida*. Pero desarrolló un extraño interés por este físico distante. Detectó en él una capacidad que el físico no veía en sí mismo. Manci le escribió cartas de amor; él respondía encogiendo los hombros, corrigiendo su inglés y criticando su apariencia. Ella dijo que él merecía un segundo premio Nobel... "a su crueldad".

Sin embargo, no se dio por vencida. Lo convenció para que pasara tiempo con ella, para compartir sus sueños, para confesar sus miedos. Él comenzó, gradualmente, a ablandarse. Cuando se separaron después de una larga visita, él estaba asombrado por una sensación totalmente nueva.

—Te extraño —dijo—. No comprendo por qué, ya que no suelo extrañar a la gente cuando la dejo.

Dirac y Manci finalmente se casaron y pasaron medio siglo felizmente enamorados. En una de sus cartas, Dirac le decía a su esposa que ella le había enseñado algo que, a pesar de toda su genialidad, nunca podría haber descubierto por sí mismo.

—Manci, mi amada... has causado una maravillosa alteración en mi vida. Me hiciste humano.[2]

Todos los solteros

La historia de Dirac ilustra cómo el poder del amor nos ayuda a la realización de nuestro potencial humano innato. Entender este poder (por qué evolucionó, cómo funciona, cómo puede aprovecharse para fortalecer nuestros cuerpos y abrir nuestras mentes) es el tema de este libro. Es un asunto que se ha vuelto más complejo sólo en los últimos años. Vivimos en una época en la que el entorno necesario para el amor está alterado de muchas formas. El índice de matrimonios se ha desplomado a mínimos históricos. La mitad de los adultos en Estados Unidos son ahora solteros,[3] en comparación con el 22 por ciento que había en 1950. Y aunque todas estas personas solteras no están necesariamente solas (como aprenderemos, hay una importante diferencia entre estar solo y sentirte solo) los que se encuentran solteros no por elección, sino por las circunstancias son más propensos a sentirse solos. Esto incluye a muchos padres solteros. De acuerdo con una encuesta nacional realizada en 2020,[4] los hogares monoparentales reportan mayores niveles de soledad que otros hogares; y una encuesta de 2018 realizada en Escocia[5] mostró que uno de cada tres padres solteros se sentía solo con frecuencia, mientras que uno de cada dos reportaba sentirse solo "algunas veces". El sentimiento de soledad se ha convertido, de hecho, en algo tan omnipresente y tan perjudicial que muchos expertos en salud pública lo describen como una verdadera epidemia que no sólo afecta a los solteros, sino también a las parejas infelices.

Tal vez este anhelo de conexión humana explique por qué las citas en línea han crecido a un ritmo explosivo. Entre 2015 y 2020, los ingresos de las aplicaciones de citas pasaron de 1,690 millones de dólares a 3,080 millones de dólares,[6] y se prevé que casi se dupliquen para 2025. Y según una encuesta en línea realizada en el último trimestre de 2020, casi 39 por ciento de los internautas solteros, viudos o divorciados dijeron haber utilizado un servicio de citas en línea en el mes anterior.[7]

Sin embargo, a pesar de los nuevos y sofisticados algoritmos diseñados para ofrecer la pareja perfecta (y de algunos datos alentadores[8] sobre el éxito de las relaciones a largo plazo generadas en línea), muchas personas afirman que las citas se han vuelto más difíciles en la última década. Mientras que algunos encuentran el amor, otros siguen buscando a esa persona especial, sintiendo que la pareja perfecta está al alcance de la mano, pero sin saber cómo conectar con ella.

¿Le estamos exigiendo al amor un nivel más alto que antes? ¿Hay algo en las citas de la era digital muy diferente a conocer a alguien en la vida real? ¿Te parece que el mar de las citas es poco profundo? ¿O hay demasiados peces en el mar? Cuantos más pescas, más te preocupa que algo esté mal con tu red. Aunque la opinión común es que cuantas más opciones haya, es mejor, la investigación demuestra que la gente prefiere una gama limitada de opciones (común-mente, entre ocho y quince),[9] antes que un menú con muchas más alternativas. Más allá de quince opciones, la gente se siente abruma-da. Los psicólogos llaman a este problema *sobrecarga de opciones*. Yo prefiero el término "MOM": miedo a una opción mejor.

Lo llames como lo llames, es agotador, hasta el punto de que para muchos solteros la llegada de la pandemia de la covid-19 les dio la excusa que estaban esperando para retirarse del mercado de las citas a la seguridad del celibato. A medida que la pandemia comen-zó a aligerarse, algunos solteros empezaron a experimentar MASOV: el miedo a salir otra vez. Tal vez se sentían traumatizados por la mercantilización de su autoestima en el mercado digital. Tal vez fueron víctimas de *ghosting* demasiadas veces. Tal vez estaban can-sados de buscar el amor y no conseguirlo.

Por supuesto, ésa no fue la historia de todos. Mientras que algu-nas personas pusieron en pausa sus planes románticos durante la pandemia, el uso de las aplicaciones de citas aumentó en términos generales, debido a que la gente buscaba conexiones en línea. Y aun-que muchas personas se mostraron reticentes a las citas tras el en-cierro, otros solteros sintieron una inyección de energía ante la esperanza de encontrar por fin a la persona "indicada" al cambiar por completo su *modus operandi* para las citas: algunos recurrieron a la *selección* (sólo salir con personas que cumplieran todos sus requisitos); otros al *apocalipsis* (tratar su relación como si fuera la última).

La pandemia no sólo supuso una enorme prueba para los solteros que luchaban contra los efectos del aislamiento social, sino también para los que tenían pareja y que pasaron juntos más tiempo que nunca. De la misma manera que ocurrió en otras crisis mundiales (la Gran Depresión, la Segunda Guerra Mundial), las tasas de matrimonio cayeron hasta alcanzar los mínimos previos a la pandemia. Con sus planes en suspenso, las parejas bajaron el ritmo cotidiano y se conocieron mejor, para bien o para mal.

Un estudiante de doctorado en Matemáticas en Cambridge[10] calculó que la relación media envejeció cuatro años durante el encierro. Los comentaristas de temas culturales especularon sobre que las relaciones que ya estaban en crisis no sobrevivirían al estrés del encierro. Mientras tanto, la prensa informaba cómo los abogados especializados en divorcios recibían un sinfín de llamadas. No obstante, según una encuesta realizada a los pocos meses de la pandemia, la mitad de las parejas estadunidenses afirmaron que la experiencia del encierro en realidad fortaleció su relación;[11] sólo uno por ciento dijo que habían empeorado como pareja.

Aunque la pandemia demostró lo resistentes que pueden ser nuestras relaciones, todavía hay muchos retos a los que se enfrentan las parejas. A pesar de todos sus beneficios sociales, el auge de la tecnología digital puede ser una bendición mixta para las relaciones. Todo depende de cómo se utilice. Por un lado, puede ayudar a las personas a mantenerse conectadas, incluso cuando hay distancia física entre ellas. Por otro lado, los dispositivos que usamos para conectarnos con los otros en ocasiones pueden impedir que nos conectemos con nuestra propia pareja, incluso cuando se encuentra en la misma habitación que nosotros. Más de 60 por ciento de las personas de entre 30 y 49 años dicen que algunas veces su pareja se distrae con el teléfono cuando están intentando hablar con ella.[12]

Treinta y cuatro por ciento de las personas de entre 18 y 29 años que tienen una relación afirman que el uso de las redes sociales por parte de su pareja les ha hecho sentir celos o inseguridad en su relación.

A estos nuevos retos se suman todos los clásicos vientos en contra a los que se enfrentan las parejas,[13] como las luchas de poder, la carencia de sentimientos amorosos, la falta de comunicación y las expectativas poco realistas que, según los terapeutas de pareja, se encuentran entre las principales razones por las que dos personas se separan.

Todos estos retos han llevado a muchas personas a renunciar al amor por completo. De acuerdo con Pew Research, 50 por ciento de los adultos solteros estadunidenses (en su mayoría mujeres) afirman ahora que ni siquiera están en el mercado de las citas.[14] En todo el mundo, según una encuesta de la Organización de las Naciones Unidas, la soltería va en aumento y la gente tiene dificultades para encontrar una pareja adecuada. Japón es un caso especialmente extremo: alrededor de 50 por ciento de las personas que quieren casarse dicen no encontrar cónyuge.[15]

Muchas de estas tendencias en las relaciones parecen afectar más a los milenials. En Estados Unidos, 61 por ciento vive en la actualidad sin cónyuge ni pareja.[16] Y mientras los milenials pueden estar batallando por encontrar el amor, algunas de las personas más jóvenes que podrían encontrarse en el mar de las citas lo están evitando activamente. Una psicóloga clínica que imparte un popular curso en la Northwestern University, llamado *Marriage 101* (Matrimonio básico) dijo a *Atlantic* que muchos de sus estudiantes se mantenían alejados por completo del romance. "Una y otra vez, mis estudiantes me dicen que se esfuerzan por no enamorarse durante la universidad, dado que imaginan que eso estropearía sus planes."[17]

Esta cosa llamada amor

No sólo soy una neurocientífica del amor, sino también una romántica empedernida. Y estoy aquí para defender que, en esta época de cambios sociales, en la que cada vez somos más los que elegimos vivir solos y nos sentimos tentados a alejarnos de las relaciones románticas, deberíamos atrevernos. El mundo está cambiando, sí, pero el amor cambiará con él. El amor evolucionará. Ésta es una de las mejores características del amor: su adaptabilidad. Sin embargo, aunque el amor es infinitamente personalizable, debemos recordar que nunca es descartable. El amor no es opcional. No es algo de lo que podamos prescindir. El amor es una necesidad biológica.

Mis investigaciones científicas sobre el cerebro me han convencido de que una vida amorosa sana es tan necesaria para el bienestar de una persona como una alimentación nutritiva, el ejercicio o el agua potable. La evolución ha esculpido nuestros cerebros y cuerpos específicamente para construir y beneficiarse de conexiones amorosas duraderas. Cuando esas conexiones se deshacen o se rompen, las consecuencias para nuestra salud mental y física son devastadoras. Mi investigación ha revelado que no sólo estamos programados para amar; sino que, como Dirac, sin el amor no podremos desarrollar todo nuestro potencial como seres humanos. Sea cual sea el futuro de nuestra vida social, el amor debe ser la piedra angular. Aunque descubrí esto en el laboratorio al pasar horas escaneando y analizando los cerebros de los enamorados (así como los de quienes tienen el corazón roto), no comprendí por completo la importancia y la verdadera belleza del amor hasta que lo encontré, lo perdí y lo redescubrí en mi propia vida.

Espero que podamos revelar los misterios del amor en este libro, pero, antes de empezar, debemos determinar de qué estamos hablando realmente cuando nos referimos al amor. Aunque en este libro hablaré de otros tipos de amor (el maternal, el incondicional, el que sentimos por los amigos, las mascotas, el trabajo, los deportes, nuestro propósito en la vida), tengo particular interés en el *amor romántico*, el tipo de vínculo invisible que une fuertemente a dos seres humanos sólo por elección, el que hace que tu corazón haga *bum-bum-bum*, el que zarpa mil barcos, construye familias, rompe corazones (literalmente, como más adelante descubriremos).

Mi disciplina, la neurociencia social, adopta una visión holística del amor. Al analizar el cerebro de los enamorados, descubrimos que este complejo fenómeno neurobiológico activa no sólo los centros de placer de los mamíferos, sino también nuestro sistema cognitivo, las partes más evolucionadas e intelectuales del cerebro que utilizamos para adquirir conocimientos y dar sentido al mundo que nos rodea.

Sin embargo, la gente rara vez recurre a la neurociencia para entender algo tan majestuoso, tan misterioso, tan profundo como el amor. Es más frecuente recurrir a los poetas. En un solo verso, alguien como Elizabeth Barrett Browning puede capturar ese sentimiento inefable llamado amor: "Te amo con el aliento, las sonrisas y las lágrimas de toda mi vida". Maya Angelou nos describe con elegancia a todos los que buscamos el amor como "exiliados del deleite", personas "enroscadas en caparazones de soledad", a la espera de que el amor "nos libere a la vida".

Pero cuando se trata de definir el amor, los poetas pueden ser... poéticos. Tomemos, por ejemplo, al poeta y novelista francés Victor Hugo. En lugar de responder a la pregunta: "¿Qué es el amor?", se limita a esquivarla con un alarde literario: "He conocido en la calle a un joven muy pobre que estaba enamorado. Su sombrero era viejo, su abrigo gastado, el agua pasaba por sus zapatos y las estrellas por su alma".[18] ¿O qué tal esta perla, del *Ulises*, de James Joyce?: "El amor ama amar al amor".[19]

Como frases, son intrigantes. Como definiciones son, en el mejor de los casos, incompletas. Los científicos debemos ser precisos, casi quirúrgicos, en nuestro enfoque. Para estudiar el amor debemos diseccionarlo. Debemos determinar no sólo lo que *es* el amor, sino lo que *no es*. ¿Es una emoción o un conocimiento? ¿Es un impulso primario o una construcción social? ¿Es un subidón natural o una droga peligrosa? Descubriremos que, a veces, la respuesta es "todas las anteriores"; otras veces, la respuesta es "ninguna de las anteriores". Cuando no es posible hacer determinaciones definitivas y rígidas, los buenos científicos se limitan a seguir pelando la cebolla.

Un científico no sólo debe definir sus términos, sino también establecer las *condiciones límite*: las circunstancias en las que su definición de amor deja de ser válida. ¿Sigue siendo amor si no es un sentimiento mutuo? ¿Sigue siendo amor en la ausencia de la lujuria? ¿Se puede estar en verdad enamorado de dos personas al mismo tiempo? Una vez que tengamos unos límites claros para determinar una definición sólida de lo que es el amor, podremos empezar a investigar cómo funciona realmente, e incluso poner a prueba si algunas de las sentencias más antiguas sobre el amor tienen alguna validez científica: ¿el amor es ciego? ¿Alguien se puede enamorar a primera vista? ¿Es mejor haber amado y perdido que no haber amado nunca?

Al poner el amor bajo el microscopio, empezamos a generar (y a responder) nuevas preguntas que nunca se nos habría ocurrido formular. ¿Por qué las personas enamoradas sienten menos dolor? ¿Por qué se recuperan más fácilmente de las enfermedades? ¿Por qué son más creativas en ciertas tareas? ¿Por qué son más capaces de leer el lenguaje corporal o de anticipar las acciones de otras personas? Pero al igual que podemos evaluar los beneficios del amor, también podemos examinar los riesgos y peligros que supone. ¿Por qué la gente se desenamora? ¿Por qué duele tanto perder el amor? ¿Cómo se puede arreglar un corazón roto?

En este libro, utilizando mis propias investigaciones y las de mis colegas en disciplinas que van desde la sociología hasta la antropología y la economía, compartiré contigo lo que la ciencia moderna dice sobre una de las facetas más antiguas de la humanidad. Examinaré los asuntos del corazón mirando en las profundidades del cerebro. También ofreceré casos de mis pacientes, de mi familia, de parejas o personas que ilustran alguna característica poderosa de la manera en que funciona el amor.

Pero el caso principal de este libro es el mío. Compartir mi historia, hasta cierto punto, va en contra de mi propia naturaleza, pues soy una persona tímida y reservada. Algunas de las cosas que he escrito aquí quizá sean una novedad incluso para mis amigos más cercanos. Durante mucho tiempo, mi único amor verdadero fue la ciencia, y asumí que nunca experimentaría un romance fuera del laboratorio. Al igual que Dirac, encontré el amor de forma inesperada; al principio me confundía, pero después ya no pude vivir sin él.

Cuando tenía 37 años, en una brillante casualidad, conocí al gran amor de mi vida. Comenzamos a salir al otro lado del océano, nos casamos en París y, como dos tortolitos, nos hicimos absolutamente inseparables. Viajamos juntos, trabajamos juntos, corrimos juntos, incluso compramos zapatos juntos. Si ponemos nuestros siete años de matrimonio en el reloj de las parejas normales (que suelen pasar juntas alrededor de seis horas al día), nuestra unión parecería el equivalente a veintiún años. Nos encantaba cada minuto. No sentíamos que el tiempo pasara, éramos demasiado felices juntos, hasta que el reloj se detuvo.

Solía ver el amor sólo a través de la lente de la ciencia, pero mi marido me enseñó a verlo también a través de la lente de la humanidad. Y una vez que lo hice, mi vida y mi investigación cambiaron para siempre. Así pues, en este libro he intentado contar tanto la historia de mi ciencia como la ciencia que hay detrás de mi historia, con la esperanza de que te ayude no sólo a apreciar la naturaleza de la conexión humana, sino también a inspirarte para encontrar y mantener el amor en tu propia vida.

1

El cerebro social

Estaba escrito en los cielos que verá el corazón y no los ojos.
—Canción interpretada por Ella Fitzgerald

¿Qué sucede cuando se toma un voto de matrimonio típico y se reescribe para reflejar la realidad científica? *Cariño, a partir de hoy, prometo amarte con todo mi cerebro.* Al hacer estas palabras anatómicamente correctas, les quitamos todo su romanticismo. La versión romántica, la versión que aplicamos a la realidad, lo que cualquier novia o novio sabe decir al estrechar la mano de su persona amada es: *Prometo amarte con todo mi corazón.*

El corazón es el órgano del que hablamos cuando nos referimos al amor, *no* el cerebro. Invertir estos dos términos es traducir el lenguaje del amor ("me has robado el corazón") en algo absurdo, casi grotesco ("me has robado el cerebro"). Hoy sabemos que el cerebro es el principal responsable de las emociones y la cognición y, en última instancia, de nuestra capacidad de enamorarnos y permanecer enamorados. Entonces, ¿por qué nuestro lenguaje sigue sin reflejar esta realidad? ¿Por qué tratamos el romance y la pasión como *asuntos del corazón*?

Creo que, para entender realmente el amor, lo primero que debemos hacer es trasladarlo del lugar donde ha habitado durante la mayor parte de la historia de la humanidad para romper el antiguo vínculo entre el amor y el corazón.

No es una tarea fácil. La entrada *heart* [corazón] del *Diccionario Oxford de inglés* contiene alrededor de 15,000 impresionantes palabras;[1] la mayoría de ellas son ejemplos de cómo se utiliza el término para describir el amor u otro tipo de emociones, sentimientos y procesos de pensamiento. Perder a un ser querido es tener *el corazón roto*. Hablar con toda franqueza implica decir las cosas con *el corazón en la mano*. Sucumbir al miedo hace que se te *encoja el corazón*. Ser amable es *tener un gran corazón*. Confieso que, a pesar de mi trabajo, yo misma utilizo muchas de estas expresiones.

Estos modismos no se limitan al inglés; existen versiones en prácticamente todas las demás lenguas. Y se remontan al menos al siglo XXIV a.C., cuando la expresión que significa "expandir su corazón en alegría" fue tallada en el interior de una pirámide egipcia. Expresiones similares aparecen en la *Epopeya de Gilgamesh* (hacia el 1800 a.C.) y en textos de Confucio (hacia el 450 a.C.). Buena suerte para encontrar este tipo de referencias poéticas sobre el cerebro en el mundo antiguo.

Lo que la mayoría de la gente ignora es que estas expresiones no son metáforas, en realidad. Son creencias que datan de una época en la que todo el mundo, a partir de Aristóteles, creía realmente que nuestros sentimientos no se originaban en la cabeza, sino en el pecho. Los historiadores de la ciencia tienen un nombre elegante para esta creencia: la *hipótesis cardiocéntrica*. Y sus orígenes son similares a los del geocentrismo, la idea ahora desacreditada de que la Tierra se ubica en el centro del universo y que el Sol y los planetas giran a su alrededor. Este punto de vista podría parecernos una tontería, ahora que tenemos telescopios y cohetes, pero en la Antigüedad se ajustaba a lo que la gente experimentaba como su realidad cotidiana. El Sol parecía moverse en el cielo mientras que la Tierra, según todas las apariencias, permanecía inmóvil.

El mismo pensamiento de sentido común llevó a la gente a creer que nuestras mentes estaban en el pecho. Sólo tienes que pensar en la sensación que tienes cuando estás excitado. Tu corazón bombea más rápido, tu respiración se vuelve más intensa, tu estómago se tensa, ¿y qué hace tu cerebro? Por lo que la gente puede *sentir*, simplemente se queda ahí sentado, inerte, tranquilo.

En su búsqueda del lugar de la mente, Aristóteles notó que la pérdida de los latidos del corazón acompañaba a menudo las experiencias cercanas a la muerte. Por ello, Aristóteles daba una importancia fundamental al corazón, la sangre y los vasos sanguíneos. En su visión cardiocéntrica, el corazón era el responsable de los pensamientos y de los sentimientos. También observó que el cerebro, a diferencia de los órganos internos, era relativamente frío al tacto. Así que dedujo que nuestro cerebro servía poco más que de aire acondicionado fisiológico, atemperando "el calor y el fervor del corazón",[2] que consideraba la verdadera "fuente" de todos nuestros sentidos.

Curiosamente, investigaciones recientes han demostrado que Aristóteles no estaba del todo equivocado. Los científicos han descubierto que, aunque nuestros corazones no controlen nuestros cerebros, cada órgano interactúa constantemente con el otro a través de hormonas, campos electromagnéticos e incluso ondas de presión.[3]

Aunque la visión cardiocéntrica de Aristóteles dominaba en la Antigüedad,[4] hubo otros en su época y en los siglos siguientes, como los filósofos científicos Erasístrato, Herófilo y Galeno, que creían que las emociones básicas, el pensamiento racional, la conciencia e incluso fenómenos misteriosos como el amor no se originaban en el corazón, sino en la cabeza. Sin embargo, el papel exacto que desempeñaba el cerebro en nuestra anatomía siguió siendo una cuestión abierta durante el Renacimiento. Como dijo Shakespeare en *El mercader de Venecia*: "Dime dónde nace la pasión. ¿En el corazón o en la cabeza?".[5]

Leonardo da Vinci también se preguntó por el misterio del cerebro. Según Jonathan Pevsner, antiguo profesor de psiquiatría en la Escuela de Medicina de la Universidad Johns Hopkins, que ha publicado varios artículos sobre las aportaciones de Leonardo a la neurociencia, el pintor veía el cerebro como la sede de la mente y el centro de todos nuestros sentidos,[6] una "caja negra"[7] que recibe, procesa y traduce la información. Hacia 1494, Leonardo dibujó tres bocetos en los que planteaba la hipótesis de la confluencia de los sentidos, o lo que él llamaba *senso comune* (sentido común), dentro de los ventrículos cerebrales. Los ventrículos son cuencas interconectadas llenas de líquido cefalorraquídeo que protegen al cerebro de los choques físicos, distribuyen los nutrientes y eliminan los residuos. En su búsqueda del conocimiento, Leonardo logró un equilibrio perfecto entre el arte y la ciencia, y esto también fue cierto con su concepto del cerebro. Creía que la información visual ("lo que se ve") era "procesada en el ventrículo principal para ayudar a interpretar el mundo". Leonardo exploró otros aspectos del cerebro, desde el suministro de sangre hasta los nervios craneales. Aunque los neurocientíficos descubrieron más tarde que la materia cerebral, y no los ventrículos, es la clave de la función mental, las notables conjeturas intuitivas de Leonardo consiguieron ampliar la idea del cerebro.

Con el paso de los siglos, la visión de Leonardo fue perfeccionada por una sucesión de investigadores pioneros, que construyeron la idea moderna del cerebro. Sus nombres son venerados en la historia de la neurociencia: Andreas Vesalius, Luigi Galvani, Paul Broca y Santiago Ramón y Cajal, por mencionar unos cuantos. Algunos diseccionaron el cerebro para entender sus partes constitutivas. Algunos inyectaron manchas de tinta en los vasos sanguíneos para revelar las conexiones entre el cerebro y el cuerpo. Algunos hicieron deducciones sobre la función de diferentes regiones del cerebro tras examinar a pacientes que había sufrido daños localizados. Éstos fueron los predecesores de los neurocientíficos modernos: los predecesores de gente como yo.

Una col mágica

Para mis clases de neurociencia en la Universidad de Chicago, algunas veces llevo a la sala de conferencias un frasco de cristal donde flota suavemente un cerebro humano en formaldehído. Lo tomo prestado del Departamento de Neurobiología, donde se han recogido varios cerebros a lo largo de los años, cedidos a la universidad por generosos donantes enamorados de la ciencia. Gracias a ellos, puedo ofrecer a mis alumnos una oportunidad única de mostrarles de cerca el órgano que estudian con tanto detalle en sus libros de texto. Distribuyo guantes de látex y pregunto: "¿Quién quiere tocar el cerebro?".

Noventa por ciento de mis alumnos levantan la mano. El resto se contenta con observar o se pone de acuerdo conmigo de antemano para no asistir a esa clase. La mayoría de los alumnos están deslumbrados por la oportunidad de entrar en contacto con el cerebro, de imaginar este órgano escurridizo dentro de su propia cabeza, gobernando su cuerpo y mente de una manera que los científicos como yo sólo estamos empezando a comprender plenamente. Pero no todos en la clase están igual de impresionados.

—¿Eso es todo? —pregunta una chica mientras le extiendo el cerebro posado en mis manos enguantadas. La sonrisa de mi rostro ahora se vuelve tímida, como la de un mesero en un restaurante con estrellas Michelin que acaba de levantar con gesto teatral la tapa de un plato para revelar un diminuto tomate—. Pensé que sería... no sé... algo más impresionante.

De cierta forma, puedo entender su decepción. Le he enseñado que el cerebro es el órgano más poderoso y complejo del universo. Y ahora se enfrenta a un objeto que, francamente, parece patético. Es un amasijo de arrugas carnosas rosas y grises, que mide alrededor de quince centímetros de largo, pesa alrededor de un kilo y, tras ser encurtido en formol, tiene toda la belleza de una col hervida.

Pero cortemos esta cosa por la mitad, separando el cerebro izquierdo del derecho. ¿Qué veremos en el interior? El exterior arrugado da paso a una capa de tejido gris liso. Conocida como *materia gris*, en esta parte se concentran en gran medida las neuronas, esas células nerviosas que constituyen los bloques de construcción del cerebro y son responsables de todo, desde el procesamiento de la información hasta el movimiento y la memoria.

Tenemos muchas neuronas (86,000 millones),[8] pero no es su número lo que explica gran parte de lo que podríamos llamar inteligencia. De hecho, como señala el distinguido neurocientífico Michael Gazzaniga, la mayoría de las neuronas del cerebro (alrededor de 69,000 millones) se encuentran en el cerebelo, una pequeña zona en la base del cerebro que coordina nuestro equilibrio y control motor. Toda la corteza cerebral, la parte de nuestro cerebro responsable del pensamiento complejo y otros aspectos de la naturaleza humana, contiene *sólo* 17,000 millones de neuronas.[9]

Mucho más importante que el número total de neuronas de nuestro cerebro son las conexiones entre nuestras diferentes regiones cerebrales. Y la conectividad es la especialidad de la región más gruesa de filamentos nerviosos que se encuentra en lo más profundo de nuestro cerebro, bajo el manto de la materia gris. Se trata de la *materia blanca*, la superautopista de la información del cerebro, que enlaza diferentes regiones en poderosas redes cerebrales que conforman tanto nuestras experiencias conscientes como las inconscientes. En los últimos años, mis colegas neurocientíficos han identificado y trazado con precisión redes cerebrales para todo tipo de cosas, desde las habilidades motoras hasta la percepción visual y el lenguaje. Yo he hecho mi propia contribución al descubrir la red cerebral responsable de la experiencia exclusivamente humana del amor romántico.

El volumen y la calidad de esas fibras nerviosas conectadas entre las células cerebrales son lo que explica nuestras incomparables habilidades como especie, y no el tamaño de nuestros cerebros. De hecho, si se desenredara toda la materia blanca que contiene el cerebro de un veinteañero promedio se descubriría que estos cables microscópicos se extienden por más de 160,000 kilómetros de longitud,[10] es decir, unas cuatro veces más que la circunferencia de la Tierra. Ahora mismo, para diseñar las redes neuronales artificiales que muchos consideran el futuro de la informática, algunos de los mejores profesionales del área en el mundo están estudiando cómo funciona un sistema biológico tan densamente conectado y económico. Estos científicos se maravillan de la potencia y la eficiencia energética del cerebro, de cómo la naturaleza ha hecho evolucionar un dispositivo que puede almacenar el equivalente a un millón de gigabytes de información,[11] lo que corresponde, a su vez, a 4,700 millones de libros[12] o a tres millones de horas de tus programas de televisión favoritos; pero utilizando la misma energía que un foco de doce vatios.[13]

Sin embargo, creo que nuestro cableado neuronal explica sólo una parte de la razón por la que nuestros cerebros son tan poderosos. Además de las conexiones vitales dentro de nuestro cerebro, también dependemos de las conexiones invisibles entre nuestros cerebros. Me refiero a nuestra vida social, a nuestras interacciones no sólo con amigos y seres queridos, sino también con extraños, críticos y competidores. Toda esta actividad social, más que cualquier otro factor, ha influido en el diseño y la función de los cerebros que tenemos hoy.

Y como tantas otras historias en este libro, el tortuoso, misterioso y hermoso proceso por el que nuestra naturaleza social esculpió los cerebros que tenemos hoy es una historia de amor.

El amor hizo al cerebro

La historia comienza en África, hace millones de años,[14] con dos de nuestros primeros primates. Llamémoslos Ethan y Grace. Su romance comenzó como una necesidad biológica. Sin embargo, una vez consumada su relación, Ethan y Grace decidieron permanecer juntos. Grace había dado a luz a niños que, en comparación con otros mamíferos, eran inusualmente indefensos en sus primeros años de vida. Además de averiguar cómo protegerlos, la pareja tuvo que pasar horas buscando comida para satisfacer sus propias necesidades alimentarias. Y luego, para digerir su comida cruda y almacenar suficiente energía para vivir otro día, necesitaban dormir varias horas cada noche. Hacer malabarismos con estas tareas requería coordinación social. De repente, Ethan no podía pensar sólo en sí mismo: tenía que ver el mundo desde el punto de vista de Grace para anticiparse a lo que ella necesitaba.

Ethan y Grace habían formado una intensa preferencia el uno por el otro, un tipo de relación que los biólogos llaman *vínculo de pareja*. Sin embargo, en algún momento de la historia evolutiva, sus descendientes (nuestros antepasados humanos) dieron un gran salto, socialmente hablando. Adaptaron las habilidades utilizadas para construir su propia relación (toma de perspectiva, planificación, cooperación) y las generalizaron, formando vínculos con otros primates que no eran ni su pareja reproductiva ni su descendencia. En otras palabras, hicieron amigos.

Y estos primeros humanos necesitaban amigos porque ocupaban una posición vulnerable dentro de la cadena alimenticia: no podían volar, no tenían camuflaje ni armadura; carecían de la fuerza, la velocidad y el sigilo de otras especies del reino animal. Pasaban la mayor parte del tiempo buscando comida y evadiendo a los depredadores. Lo único que tenían, en realidad, era un talento inusual para la conexión, una habilidad especial para navegar por el entorno más complejo de la naturaleza: el mundo social.

Se trataba de un superpoder, y en los eones siguientes, a medida que los primates antropoides evolucionaban, resultaría más decisivo que sus pulgares oponibles, sus habilidades para fabricar herramientas o el hecho de caminar erguidos. A medida que la guerra y el cambio climático hacían más dura la vida en la Tierra, algunas especies tuvieron problemas para sobrevivir, pero estas dificultades en realidad jugaron a favor de los puntos fuertes que los primeros humanos estaban desarrollando.

Sus habilidades sociales les ayudaron a construir grupos complejos y, finalmente, sociedades enteras apoyadas en la ayuda mutua. Aprendieron a distinguir a los amigos de los enemigos, a evitar a los depredadores, a anticiparse a las acciones de los vecinos, a privilegiar los intereses a largo plazo frente a los deseos a corto plazo, a utilizar el lenguaje para comunicarse y a gestionar las relaciones de apareamiento, que estaban condicionadas no sólo por el ciclo ovulatorio de la hembra, sino por diferentes factores como el afecto y la empatía. Por último, aprendieron a confiar y a decir "te amo".

Según la hipótesis del cerebro social propuesta por el antropólogo británico Robin Dunbar en la década de 1990,[15] todas estas complejidades sociales impulsaron cambios evolutivos en el cerebro que nos hicieron más inteligentes. Aunque los humanos empezaron con cerebros apenas mayores que los de los chimpancés, nuestro neocórtex empezó a crecer junto con nuestras habilidades sociales. Las áreas para el lenguaje y el pensamiento abstracto florecieron. Estas regiones de orden superior no sólo crecieron en tamaño, sino que también se conectaron mejor con otras partes del cerebro. Podemos ver el legado de estos cambios comparando el número de arrugas (lo que los neurocientíficos llaman *circunvoluciones*) en los cerebros humanos con los de primates menos sofisticados, como los babuinos, cuyos cerebros son más lisos y tienen menos pliegues.

Hace alrededor de 70,000 años,[16] los descendientes lejanos de Ethan y Grace, nuestra propia especie, el *Homo sapiens*, se desplazaron desde el este de África hasta la península arábiga y Eurasia. Allí se encontraron con otros homínidos, los más famosos neandertales. Los neandertales eran una competencia temible: más grandes, más fuertes, con mejor visión y cerebros que podrían haber sido ligeramente más grandes que los de los humanos. Sin embargo, la arquitectura neuronal de los neandertales y del *Homo sapiens* difería en aspectos importantes. Los neandertales tenían más espacio dedicado a la visión y a las habilidades motoras: eran guerreros físicos ideales. Pero los *Homo sapiens* eran guerreros sociales ideales: podían entender las intenciones de los demás, podían considerar alternativas y aprendían rápidamente de sus errores.

Todo ello les permitió compensar sus carencias de fuerza. Y, como resultado, el épico enfrentamiento evolutivo entre los neandertales y los *Homo sapiens* tuvo un claro ganador. Hacia el 11000 a.C., la única especie humana que quedaba era la nuestra. En otras palabras, fue la necesidad de interactuar con otras personas (primero, con nuestros seres queridos, luego con nuestros amigos y, finalmente con las sociedades y civilizaciones que construimos) lo que nos convirtió en lo que somos hoy. Y ese proceso comenzó cuando parejas, como Ethan y Grace, se enamoraron.

Una neurociencia para una especie social

Las conexiones sociales no sólo han moldeado el cerebro humano a lo largo de su evolución: siguen moldeando el cerebro a lo largo de la vida de un individuo. Es un hecho que merece la pena repetir porque no es nada obvio. Después de todo, ¿cuántos de nosotros crecimos pensando que socializar era ampliar nuestra mente? Más bien pensábamos que era un tiempo de inactividad, algo que hacíamos como descanso de nuestros estudios o actividades creativas, algo que no era realmente importante para nuestro desarrollo intelectual.

Imaginemos lo diferentes que podrían haber sido nuestras discusiones adolescentes con nuestros padres si hubiéramos contado con los últimos conocimientos del emergente campo de la neurociencia social.

—En realidad, mamá, no tengo que colgar el teléfono. Los estudios demuestran que, al construir y mantener conexiones sociales saludables, puedo *literalmente* hacer crecer mi cerebro y ser más capaz de concentrarme en tareas cognitivamente desafiantes, como la escuela. Así que mamá, por favoooor, ¡fuera de aquí!

Aunque parezca descabellado, el argumento de esa adolescente es válido. Los estudios de neuroimagen demuestran que el tamaño de las regiones centrales del cerebro, como la amígdala y los lóbulos frontal y temporal, se correlaciona con el tamaño de nuestras redes sociales individuales.[17] Estudios de especies sociales de todo el reino animal muestran resultados similares que refuerzan el valor de las conexiones sociales. Si se cría un pez solo en un acuario, sus neuronas serán menos complejas que las de un pez de la misma especie criado en grupo.[18] El cerebro de una langosta del desierto, cuando forma parte de un enjambre, crece un impresionante 30 por ciento, presumiblemente para dar cabida a las demandas adicionales de procesamiento de información de un entorno social más complicado. Los chimpancés aprenden a utilizar nuevas herramientas mucho más rápido cuando están en grupo que cuando se encuentran aislados.

Pero al igual que la neurociencia revela los beneficios del mundo social también puede mostrarnos sus peligros. El dolor social (el corazón roto, ¡ups, debería decir el cerebro roto!) que sigue a una ruptura activa algunas regiones cerebrales, como el córtex cingulado anterior,[19] que responden ante un dolor físico. Se ha demostrado que las personas que manifiestan sentimientos de aislamiento social (lo que se suele llamar soledad) tienen menos materia gris y blanca en áreas sociales clave de su cerebro.[20] Si permanecen solas, son susceptibles de sufrir una cascada de acontecimientos neurológicos que repercuten en todo su cuerpo, lo que provoca tantos

problemas de salud que algunos expertos en salud pública consideran ahora que la soledad crónica es un riesgo grave para la salud, al
igual que el tabaquismo.

Éstas son sólo algunas de las ideas que han surgido de la neurociencia social, que estudia cómo las conexiones entre los cerebros
de diferentes individuos (nuestra vida social) cambian lo que ocurre
dentro de nuestra mente y nuestro cuerpo. Esta disciplina se origi-
nó en la década de 1990 como una especie de matrimonio sorprendente entre la llamada *ciencia blanda* de la psicología social, en la
que el investigador debe basarse en el comportamiento exterior ob-
servado y en los informes subjetivos de los propios interesados, y la
llamada *ciencia dura* de la neurociencia, que utiliza escáneres de alta
tecnología para observar el interior del cerebro y cartografiar con
precisión sus partes funcionales.

Hasta ahora, los neurocientíficos habían tratado el cerebro de
forma aislada, al considerarlo una especie de máquina informática
solitaria. Esta tendencia a comparar el cerebro con un aparato me-
cánico se remonta al siglo xvii. El filósofo y científico francés René
Descartes,[21] al ver funcionar autómatas accionados por agua en los
Jardines Reales de un suburbio cercano a París, pensó que el cuerpo
humano funcionaba de forma similar a estos dispositivos y que, en
esencia, se trataba de un complejo mecanismo biológico. Y el anatomista danés Nicolas Steno fue todavía más lejos: declaró que el
"cerebro es una máquina"[22] como un reloj o un molino de viento, y
que la mejor manera de entenderlo era desmontarlo y considerar
lo que las piezas "pueden hacer por separado y juntas".

Con el paso de los siglos, la metáfora de Steno se fue actuali-
zando. En el siglo xix, el cerebro se comparaba con un sistema tele-
gráfico que enviaba y recibía señales hacia y desde distintas partes
del cuerpo. En la segunda mitad del siglo xx, se le comparó con una
computadora personal: almacena datos en la memoria, procesa información, ejecuta comandos. Los neurocientíficos sociales hemos

perfeccionado la metáfora. Vemos el cerebro no como una computadora clásica, sino como un teléfono inteligente con una conexión inalámbrica de banda ancha con otros dispositivos. Imagina lo útil que sería un iPhone sin la posibilidad de acceder a internet o enviar un mensaje de texto. Nuestro cerebro también necesita una fuerte conexión para desarrollar todo su potencial. Y, al igual que un teléfono inteligente, su conectividad lo hace vulnerable. Puede ser hackeado, saturado de aplicaciones innecesarias, bombardeado con notificaciones que distraen o provocan ansiedad.

Aun así, el cerebro también puede hacer algo que los diseñadores de teléfonos inteligentes sólo pueden soñar. Puede reprogramarse a sí mismo. Los neurocientíficos llaman a esto *neuroplasticidad*. Y la neuroplasticidad es una de las verdaderas maravillas de la mente. Se refiere a la capacidad del cerebro de crecer mientras elimina las neuronas no esenciales cuando somos jóvenes; de expandirse y formar nuevas conexiones a medida que aprendemos cosas nuevas a lo largo de nuestra vida, y de reparar o compensar los daños causados por una lesión o el desgaste del tiempo. Y la interacción social suele ser lo que impulsa estos cambios vitales dentro del cerebro.

Así que, lejos de ser una pérdida de tiempo o algo secundario para la experiencia humana, las conexiones que establecemos con otras personas son, literalmente, la razón de nuestra existencia como especie. Establecer relaciones sanas también contribuye a crear un cerebro más sano que, como veremos más adelante, puede evitar el deterioro cognitivo, estimular la creatividad y acelerar nuestro pensamiento. Y quizá no haya una actividad social más poderosa, ni una forma mejor de aprovechar todo el potencial cognitivo de nuestro cerebro, que estar enamorado.

2
Mente soltera

La psique es la más grande de las maravillas cósmicas.
—Carl Jung

Algunas veces pienso en lo que mi yo adolescente haría de mi vida, en lo que habría sentido aquella chica solitaria si hubiera podido asomarse a una bola de cristal y ver el futuro. Me la imagino contemplando una fresca y soleada tarde de otoño en París. Los Jardines de Luxemburgo están llenos de sonidos: el susurro de las hojas de los castaños, las campanas de la iglesia de Saint-Sulpice, los lejanos acordes de un acordeonista que toca para los turistas. Un pequeño grupo de personas está de pie en el jardín. Con copas de champaña en la mano, escuchan a un hombre de cabello entrecano y amables ojos color avellana. Parece seguro de sí, como si supiera que está tomando la decisión correcta. Y junto a él, con un sencillo vestido blanco, ya toda una adulta, está una mujer tímida pero segura de sí, con el cabello largo, que sostiene un ramo de rosas blancas y dice: "Sí, sí quiero".

Espera, ¿qué?, exclama mi yo más joven. ¡¿Ésa soy yo?! ¡Me voy a casar! Éste es el punto de la fantasía en el que la Stephanie adolescente toma la bola de cristal y la agita, creyendo que tiene algún defecto o error.

Crecí creyendo que mi destino era estar siempre sola. Y una vez que empecé a explorar la neurociencia del amor, consideré mi

soledad como una especie de ironía interesante, el tipo de contra-
dicción aparente que da pie a una buena conversación en un coctel:
"Oh, mírame, la científica que estudia el romance en su laboratorio,
pero nunca lo ha experimentado en la vida real". Me decía a mí misma
que el hecho de no tener pareja me convertía en una investigadora
más objetiva: podía investigar el amor sin encontrarme bajo su he-
chizo. A diferencia de la mayoría de la gente, no daría por hecho la
preferencia por el romance. Más bien, trataría la búsqueda del amor
como un fenómeno fascinante, incluso misterioso, que necesita ex-
plicación. El hecho de ser independiente me proporcionaba esta
distancia crítica, por no hablar del tiempo ininterrumpido necesario para investigar sin llamadas de distracción de algún novio. Así
que no consideré mi soledad como una carga, sino como una insig-
nia de honor.

Y eso, ahora que lo pienso, es lo que he hecho desde que tengo
uso de razón.

Nací en una pequeña estación de esquí de los Alpes franceses
y crecí en un pueblo todavía más pequeño cerca de la frontera con
Suiza. Parecía uno de esos pueblos de las esferas de nieve de juguete.
Había una vieja iglesia, una panadería, una biblioteca, una escuela
primaria, casas acogedoras y un castillo en ruinas en una colina desde donde miraba las estrellas por las noches. Recuerdo que me tum-
baba en la hierba, rodeada de árboles, y miraba al cielo nocturno
más allá de los aleros del castillo, rodeados de las vides, en busca de
constelaciones. A veces dudaba en establecer relaciones sociales con
los chicos de la escuela, pero me hipnotizaban las conexiones invisibles que encontraba entre las estrellas, que convertían el cielo en un
gigantesco mural celestial. Durante un tiempo pensé que quería ser
astronauta. Quizá por eso decidí al final estudiar el cerebro, porque
aquí había un universo igual de vasto.

Si tuviera que poner la banda sonora de mi infancia, la mayoría
de las veces sería el silencio, interrumpido de vez en cuando por mi

voz susurrando un deseo al ver una estrella fugaz. En casa, la música era diferente: el siseo de la mantequilla salada al pasar por la sartén de las crepas. Mi familia era mitad francesa (por parte de mi padre), mitad italiana (por parte de mi madre), y había una pasión infinita por la comida. Por la mañana, mojábamos nuestros croissants en grandes tazones de leche con chocolate o café con leche. Por la noche, comíamos los ravioles de mi abuela o *linguine* con salsa boloñesa. La comida era la familia, y la familia lo era todo, ésa era toda la vida social que yo tenía mientras crecía. Cuando los parientes nos visitaban, pasábamos el tiempo hablando de comida o preparando comida o degustándola o dando paseos posprandiales en lo que discutíamos lo que comeríamos al día siguiente. Fue una infancia sencilla, feliz y protegida.

Sin embargo, desde muy pronto noté que había algo que me separaba de mis primos, que tenían hermanos y parecían más cómodos consigo mismos y con otros niños. Eran felices los unos con los otros. Yo, como hija única, había tenido que aprender a ser feliz conmigo misma. Recuerdo haber pasado horas escuchándolos jugar en la casa mientras yo me quedaba fuera, observando las estrellas o golpeando pelotas de tenis contra la cochera a la luz de la luna. Aunque siempre deseé tener un compañero que me devolviera la pelota y que hiciera el juego más interesante, encontraba una especie de felicidad solitaria en el ritmo de la pelota al golpear la pared. A los ojos de mis primos, yo era la niña rara. Me describían como la soñadora, la reflexiva, y llegaron a pensar que había algo malo en mí porque pasaba demasiado tiempo sola.

Los niños aprenden observando a los demás. Y a veces, cuando no hay compañeros o hermanos cerca, el cerebro puede inventarlos. Las investigaciones demuestran que dos de cada tres niños[1] crean a los 7 años un amigo imaginario con el que pueden ser aliados y compartir cosas, pero los hijos únicos son especialmente hábiles en esto. Y esos saltos imaginativos podrían explicar un estudio

reciente que demuestra que los niños sin hermanos tienden a so-
bresalir en el "pensamiento flexible" y tienen más materia gris en el
giro supramarginal,[2] un área cortical asociada a la creatividad y la
imaginación.

Aunque ser hijo único puede ser una ventaja cuando se trata de
pensar de forma innovadora, parece que hay algunas contrapartidas
en términos de desarrollo social del cerebro. Los hijos únicos parecen tener relativamente menos materia gris en una parte del córtex
prefrontal que podría ayudarles a resistir la tentación,[3] retrasar la
gratificación y procesar la información emocional, incluida la capacidad de inferir los sentimientos de los demás. En algunos niños, esta
diferencia podría producir una falta de interés en el mundo social.
En mí, parecía tener el efecto contrario. Me fascinaba el misterio social. Me *interesé* intensamente por la vida social, pero rara vez como
participante, sino más bien como observadora externa. No entendía
por qué me sentía diferente, por qué no encajaba, por qué no logra-
ba integrarme en el paisaje social. Cuanto más crecía, más curiosidad sentía por lo que me estaba perdiendo.

Sólo había una persona que me hacía olvidarme de mí, que me
hacía sentir que no era una observadora, que pertenecía de verdad,
una persona con la que podía simplemente *estar*: mi abuela italiana,
la madre de mi madre. Se llamaba Jacinta, pero yo la llamaba Mémé.
Pasábamos horas juntas en su modesta cocina. Me enseñó a hacer
ñoquis a mano. Me enseñó el divertido dialecto italiano de cuando
era niña en un pequeño pueblo entre Venecia y Udine, en el norte
de Italia.

Estaba obsesionada con la salud. Me enseñó a hacer una serie
de ejercicios físicos, una especie de calistenia del viejo continente,
todas las mañanas; acostadas en la cama con las piernas estiradas
en el aire, girábamos cada tobillo treinta veces. Hasta el día de hoy,
cuando despierto, a veces levanto las piernas y pienso en Mémé con
una sonrisa.

Ella nació en 1911 (hace una eternidad, desde mi perspectiva) y creía que su rutina matutina era el secreto de una vida larga y vigorosa. Era una mujer chapada a la antigua y una firme observadora de la tradición. Inmigrante, nunca poseyó cosas finas, pero cuidaba minuciosamente su aspecto: la blusa de seda planchada, los calcetines de lana zurcidos con esmero, el antiguo collar de perlas.

Su perspectiva de la vida era diferente a la de la mayoría de los miembros de mi familia. Había perdido a su primera hija por complicaciones de apendicitis cuando sólo tenía cuatro años. Después, mi abuela nunca volvió a ser la misma. Me decía que se arreglaba todos los días porque nunca sabía cuál sería el último. Ese cuidado de su apariencia no se extendía al maquillaje. Su rostro era como un acantilado, curtido y hermoso. Y su régimen de cuidado de la piel consistía únicamente en agua y un jabón suave del sur de Francia, hecho de plantas y aceite de oliva.

Decía que se purificaba en la iglesia, a la que asistía todos los domingos. Se casó joven, como todas las mujeres de su pueblo, y creía que había celebrado un pacto sagrado. Para ella, el amor era un don de Dios, y si alguna vez se sentía como una carga, había que soportarlo con gracia. El amor por la familia, por su parte, era incondicional, y siempre se las arreglaba para dar más a los que lo necesitaban.

Yo era la niña de sus ojos, la pequeña solitaria que siempre hacía preguntas, que necesitaba más protección, más amor. Me adoraba, me mimaba, quería darme todo. Cuando no estaba de visita en nuestra casa, llamaba todas las noches, como un reloj, para asegurarse de que yo estuviera sana, feliz, abrigada, arropada. Una noche, cuando yo tenía nueve años, llamó y le dijo a mi madre que por la mañana tomaría un autobús hasta una ciudad cercana desde el pequeño pueblo donde vivía para comprarme una sudadera térmica que acababa de salir al mercado. Le preocupaba que me muriera jugando tenis al aire libre con tanto frío. Escuché la conversación y, por alguna razón que todavía es un misterio en mi familia, comencé a llorar, a gemir sin control, a rogarle que no se fuera. Grité que no necesitaba una sudadera, sólo la necesitaba a ella. Mis padres estaban estupefactos. Yo no solía hacer berrinches. ¿Qué le estaba pasando a Stephanie?

Al día siguiente, mi padre fue a la escuela a recogerme antes de la hora. Recuerdo el silencioso viaje de regreso a casa. Entramos, hizo una inhalación profunda y dijo: "*Mémé est partie*" (Mémé se ha ido). Un accidente cerebrovascular, la rotura de un vaso sanguíneo en el cerebro, se la había llevado. Ocurrió cuando dio el primer paso para subir al autobús. Tiempo después me enteré de que la madre de Mémé también había muerto por el mismo padecimiento. Me pregunto cómo podría entender una niña un suceso como éste. Ahora veo los accidentes cerebrovasculares en pacientes neurológicos todo el tiempo, con gran detalle. Puedo imaginar la obstrucción causada por un ictus isquémico o la rotura de un ictus hemorrágico. Conozco las diferencias milimétricas entre los que se pueden recuperar, los que dejan una discapacidad permanente y los que quitan la vida.

Pero mi mente de nueve años no podía entenderlo y la impenetrabilidad de lo sucedido lo hacía aún más misterioso y aterrador. Creo que el accidente cerebrovascular de Mémé en cierto modo marcó toda mi carrera, toda mi visión del mundo. Durante años, sentí en mis huesos que yo correría la misma suerte que Mémé.

Y quería entender lo que le había pasado para poder escapar de alguna manera y ayudar a otros a evitarlo. Desde muy joven sentí que tenía un propósito en la vida.

Pero, de forma más inmediata, la pérdida de Mémé puso de manifiesto la pequeñez de mi mundo social. Y profundizó mi sensación de confusión, porque ahora había un nuevo ritual social con el que debía lidiar: el duelo. Cuando tenía nueve años, no había ninguna clase que pudiera tomar sobre el significado de la palabra *duelo*, ningún libro que pudiera leer en la escuela sobre cómo enfrentarse a él.

Miraba a mis padres: intentaban mantener la compostura, ocultar sus sentimientos, para que yo no me sintiera abrumada por la triste-za. Pero sin su ejemplo, sin hermanos y sin amigos a quienes acudir, no tenía ni idea de cómo afrontar este torrente de nuevas emocio-nes. Lloré todas las noches a solas en mi habitación hasta el día del funeral.

En la iglesia, durante el servicio fúnebre, recuerdo que me sen-tía perdida. Quería presentar mis respetos, quería que el mundo se enterara de cuánto había querido a mi abuela. Vi que la mayoría de los adultos, sentados en las bancas, mantenían rostros impasibles, mientras que a una de mis primas se le salía el corazón por los ojos, llorando a mares. Pensé: "¿Yo debería llorar más? ¿Menos?". Incluso en ese momento me sentía perpleja ante los demás y me pregun-taba cuál sería el protocolo que a ellos tal vez les parecía intuitivo, instintivo.

Esa sensación de ser la extraña, la espectadora, me persiguió du-rante todos mis años escolares. Con el tiempo hice amigos, sobre todo deportistas. Era delgada, tenía el cabello largo y lacio, las rodi-llas raspadas, una cinta de tenis en la cabeza y zapatos deportivos de colores. Me gustaba correr alrededor de la cancha de futbol o cons-truir casas en los árboles del bosque. Me gustaba moverme rápido, sentir el aire fresco de los Alpes y el sudor en mi piel. No sólo jugaba al tenis. Esquiaba en los Alpes y nadaba en los lagos de las montañas. Montaba a caballo, corría en el equipo de atletismo y jugaba futbol. Sin embargo, cuando la acción se detenía y los otros chicos empe-zaban a charlar, yo me callaba, a la espera de un hueco en la con-versación que, en mi opinión, nunca llegaba. Todavía no entiendo exactamente por qué la vida social era un misterio para mí. Pero sa-bía con certeza que el mayor misterio de todos estaba en casa.

Mi primer estudio de caso

En 1942, un joven ilustrador comercial llamado Raymond Peynet paseaba por un bonito parque de Valence, una ciudad del sur de Francia, cuando fue testigo de algo profundo. En un quiosco de hierro forjado, un violinista solitario ofrecía una serenata a una joven sentada en una banca cercana, que miraba fijamente al músico, embelesada, con los ojos brillantes y las mejillas sonrosadas. Peynet estaba en primera fila atestiguando lo que los franceses llaman *coup de foudre* (golpe de rayo) y de lo que los estadunidenses conocen como "amor a primera vista". Tomó su lápiz y dibujó al joven violinista con su sombrero y su melena oscura seduciendo a la joven con su vestido ceñido y su cola de caballo.

Tal vez imaginando el futuro romántico que compartirían juntos, tituló el dibujo: *La sinfonía inacabada*, pero un editor de la revista le cambió el nombre a *Les Amoureux* (Los amantes). Y nació una leyenda. Durante las dos décadas siguientes, los amantes de Peynet aparecieron por todas partes: impresos en bufandas, sellos de correos, tarjetas de boda, platos de porcelana, anuncios de Air France y Galeries Lafayette. Su amor resultaba dulce sin ser meloso, anticuado, pero ligeramente surrealista y, sobre todo, muy francés. Mientras se acurrucaban bajo un paraguas bajo la lluvia o se besaban en una banca parisina, parecían los avatares ideales de un país especializado en exportar *l'amour*.

Mientras crecía, oí hablar mucho de *Les Amoureux* de Peynet, porque era el apodo que los amigos más íntimos de mis padres les daban. Pensaban que mi madre y mi padre (que nunca peleaban, que siempre caminaban de la mano, que se pasaban horas mirándose soñadoramente a los ojos) eran los protagonistas de un romance tan encantador que parecía salido de un cuento de hadas. Y al igual que la pareja de Peynet, mis padres experimentaron el amor a primera vista tras un encuentro casual, sólo que no fue un violín lo que sedujo a mi madre, sino un border collie llamado Marcel. Esto fue a principios de la década de 1970. Mi madre vio a mi padre por primera vez paseando a su perro en el parque. Sus ojos se cruzaron y sonrieron. Podrían haber pasado de largo de no haber sido por Marcel, que jaló a mi padre en dirección a mi madre, jadeando de entusiasmo, para luego lamer sus tobillos.

—¡Marcel, no!—mi padre se disculpó—. No suele ser así.

—¡No pasa nada, en serio! —dijo mi madre, acariciando las orejas del perro, con una sonrisa cada vez más amplia.

Empezaron a hablar, se acercaron el uno al otro. Marcel se relajó: su misión estaba cumplida. Antes de separarse, mi padre le pidió su número de teléfono. La invitó a bailar el sábado siguiente. A ella le debieron gustar sus pasos en la pista de baile porque esa noche se fue a casa con él, aunque no pasó nada más que unas horas de conversación. Mis padres eran geniales a su manera —elegantes, con mucho estilo y, dado que estábamos en la Francia de 1970, con pantalones acampanados de color naranja—, pero muy conservadores. Así que no consumaron su relación amorosa hasta que se casaron, seis meses después. ¡Tal vez eso explique la rapidez del noviazgo! Dos años más tarde, yo nací.

Como he descubierto, el amor es un fenómeno extremadamente complejo que afecta al cerebro de muchas maneras profundas y misteriosas. Pero la *atracción*, aquello que sentimos hacia alguien que deseamos, es un proceso más simple, y conocemos muy bien la biología y la química que hay detrás. Lo primero que hay que tener en cuenta sobre la atracción es que es tremendamente rápida, lo que no quiere decir que sea impulsiva. Podemos evaluar la idoneidad de una posible pareja en menos de 200 milisegundos después de verla.[4] Y cuando no estamos interesados (cuando deslizamos el dedo a la izquierda en el lenguaje Tinder), nuestra decisión es todavía más rápida. Esta decisión en una fracción de segundo se basa en una gran cantidad de información visual compleja, preferencias genéticas profundamente arraigadas para la aptitud reproductiva, así como preferencias personales del tipo: "me gusta tu estilo".

Curiosamente, una de las cosas que más nos atrae de una posible pareja es una visión de nosotros mismos, aunque nunca nos demos cuenta de ello. En un estudio, se editaron los rostros de los participantes con un programa de Photoshop para hacerlos ver como si fueran del género opuesto... y no sólo los hombres no consiguieron reconocerse como mujeres (o viceversa), sino que también calificaron su propia foto como la más atractiva.[5] Esta tendencia a enamorarse de los parecidos podría aplicarse a mis padres, que se parecen lo suficiente como para creer que son hermanos.

El olfato también desempeña un papel fundamental en la atracción, pero en sentido contrario. Tendemos a sentirnos atraídos por personas con olores diferentes a los nuestros. Nuestra nariz capta las feromonas, señales químicas que contienen información genética. En un estudio bastante intenso,[6] las estudiantes universitarias olfatearon camisetas de estudiantes masculinos y acabaron prefiriendo los olores de estudiantes con sistemas inmunitarios muy diferentes al suyo, una elección que ayudaría a proteger su descendencia al permitirles heredar más formas de combatir las enfermedades. Otros factores, desde el clima que está haciendo fuera cuando se conoce a una persona nueva o el hambre que se tiene de antemano, también podrían desempeñar un papel en la preferencia de la pareja, y no sólo en los humanos. Por ejemplo, los estudios demuestran que el apetito afecta a las preferencias de apareamiento de las arañas hembra:[7] las que están bien alimentadas son más receptivas a las parejas.

Cuando no sólo nos sentimos atraídos por alguien, sino que empezamos a sentir que nos enamoramos, el cerebro libera una cascada de neurotransmisores y sustancias químicas que transforman nuestro estado de ánimo y nuestra percepción. Lo primero que notarás si alguna vez te has enamorado es lo *bien* que te sientes. "Euforia" es la forma en que describimos este estado. Y cuando se observa el proceso que potencia químicamente esta sensación, tiene mucho sentido. El enamoramiento desencadena toda una serie de fuegos artificiales biológicos, entre ellos la activación de una región en forma de corazón llamada área tegmental ventral (ATV), que bombea dopamina al circuito de recompensa del cerebro "para sentirse bien", las mismas regiones que se activan cuando la gente come algo delicioso, pero adictivo, o bebe vino.

Ésa es la razón por la que estar enamorado puede ser el equivalente a tomar una droga, pero sin la resaca. Tu ritmo cardiaco aumenta, tu piel se calienta, tus mejillas se ruborizan, tus pupilas se dilatan y tu cerebro envía señales al cuerpo para que libere glucosa a fin de obtener energía extra. El cerebro se inunda de un alegre baño de dopamina, pero ésta no es la única sustancia química que entra en juego cuando te enamoras. Tu cerebro también aumenta la producción de norepinefrina, una hormona relacionada que tiene el efecto de una visión de túnel para centrarte en ese momento importante y sesgar tu percepción del tiempo. Los niveles elevados de norepinefrina (junto con la dopamina) son parte de la razón por la que muchas personas sienten que el tiempo es fluido e incluso vuela durante la primera cita con un nuevo amor. Mientras tanto, tus niveles de serotonina, una hormona clave para regular el apetito y los pensamientos ansiosos intrusivos, caen en picada cuando te enamoras hasta niveles similares a los de alguien que sufre un trastorno obsesivo-compulsivo. Así que es posible que te encuentres comiendo de forma irregular o fijándote en pequeños detalles, preocupándote por hacer "el movimiento correcto" o enviar "el mensaje perfecto", y luego repasando la cita una y otra vez en tu cabeza.

El contacto físico entre tú y la persona de la que te enamoras desencadena otra hormona extremadamente importante en la atracción humana: la oxitocina, un neuropéptido que a veces se denomina la "hormona de la unión" por la manera en que actúa como vínculo entre las personas y aumenta nuestros sentimientos de empatía y confianza. También se dispara cuando se mira profundamente a los ojos de la pareja o se le abraza. En otras palabras, la oxitocina es esencial para establecer relaciones.

Y un estudio reciente de la Facultad de Medicina de Harvard demostró que el aumento de los niveles de oxitocina también puede explicar por qué algunas personas tienen ganas de comer menos cuando están enamoradas.[8] Cuando los investigadores administraron a los participantes masculinos, de distintos pesos, un aerosol nasal de oxitocina justo antes de una comida abundante, éstos comieron menos que otro grupo de control de hombres que recibió un placebo y consumieron menos postre, en particular, galletas de chocolate.

Fiesta de uno

Mis padres se instalaron en la pequeña ciudad donde crecí yo tiempo después, situada a las afueras de la ciudad francesa Chambéry. Mi madre se convirtió en profesora de economía en la universidad local. Mi padre dirigía un floreciente negocio de alimentos congelados. Mientras *maman* ensalzaba las alegrías del mundo académico y la belleza del aprendizaje constante, *papa* ensalzaba los beneficios nutricionales de los chícharos congelados, conferencias que yo escuchaba con gusto porque él me sobornaba con grandes porciones de helado.

Mis padres trabajaban mucho. Sus trabajos los mantenían separados la mayor parte del día. Pero cuando llegaban a casa cada noche se unían como dos imanes. Después de reunirse, se besaban en los labios, no un beso francés, sino un pequeño y dulce beso que expresaba genuinamente el afecto romántico. Desde ese momento, nada podía separarlos hasta que se iban a trabajar, a la mañana siguiente. En lugar de repartirse los quehaceres y tareas domésticas (las compras, la cocina, lavar la ropa), optaban por hacerlo todo juntos. Cuando se sentaban en el sofá, se entrelazaban invariablemente, la mano de ella en la de él, el brazo de él alrededor de ella.

Me gustaba verlos cocinar juntos en nuestra cocina abierta. Podían hacer que el pelado, el rebanado y la fritura de papas parecieran tan coreografiados como un ballet. Gran parte de su comunicación era no verbal; podían anticipar las acciones del otro con una precisión impresionante. Y disfrutaban mucho de su tiempo juntos. Recuerdo que una vez mi madre estaba preparando su famosa receta familiar de salsa boloñesa y, en un momento dado, ella y mi padre empezaron a retorcerse de risa. Como cualquier persona italiana, mi madre no sabe hablar sin usar las manos y se encontraba tan absorta en su conversación que no se dio cuenta de que, sin querer, había arrojado grandes cantidades de salsa de tomate a la cara de mi padre; así se produjo una pelea de comida que terminó con un largo beso.

Al crecer, sabía que mis padres encajaban perfectamente. Pero ¿dónde encajaba yo? Me querían, por supuesto, pero a menudo me sentía como un inquilino no deseado, una intrusa. En el auto familiar me sentaba en el asiento trasero, en la posición central, y metía la cabeza entre ellos, a veces apoyando la barbilla sobre sus manos entrelazadas en el reposabrazos mientras viajábamos. Cuando era pequeña y me dejaban en casa de Mémé para poder pasar un fin de semana solos, los acusaba de "abandono". Me pasaba no minutos, sino horas mirando el estacionamiento, esperando que volvieran y me incluyeran en sus planes (cuando pienso en esto hoy, me acuerdo de cómo mi perra se queda mirando por la ventana, esperando que yo regrese del trabajo).

Cuando me hice un poco mayor, dudé sobre si podría encontrar a alguien que me completara como mis padres se completaban mutuamente. Me sentaba sola en el sofá para verlos acurrucarse en la cocina, mientras escuchaba en mi walkman "La solitudine" ("La soledad"), una malhumorada balada italiana de Laura Pausini.

> … este silencio en mi interior,
> esa inquietud de ver pasar así
> la vida sin tu amor…

Vivir la vida sin alguien parecía ser mi peculiar destino. No sé exactamente por qué, incluso hoy. ¿Tenía miedo de no alcanzar el ideal romántico que mis padres habían establecido? ¿Era una adicta al trabajo en ciernes, tan enamorada de la escuela y el deporte que no dejaba tiempo para el romance? ¿Me había enamorado demasiado del dicho francés: "Mejor sola que mal acompañada"? Después de escucharlo una vez, se convirtió en mi mantra o, al menos, en una buena excusa. Ciertamente, sabía lo feliz que el amor podía hacer a la gente. Incluso jugaba a ser casamentera en la escuela, aplicando mi interés por la dinámica social para leer el lenguaje corporal de mis amigos, notando quién estaba interesado en quién, sugiriendo que se juntaran.

—Pssst, Rachel, ¿ves cómo se sonroja Jean cuando te acercas?

Pero no me interesaba participar en ese juego. Me juntaba con atletas o frikis de la ciencia, y si me acercaba a alguno de ellos, me sentía más como si fueran los hermanos que nunca tuve que como posibles novios. Una vez, en la secundaria, un chico en la cancha de tenis me robó un beso (mi primer beso), y enseguida me dijo que sólo saldría conmigo si me cortaba el cabello. Yo sólo sonreí y me alejé, con mi cabello largo volando al viento.

Al cabo de un tiempo, empecé a cohibirme porque la gente (mi madre, en particular) empezó a preguntarme *por qué* parecía no tener ningún interés en el amor. Y cómo había conseguido pasar por la secundaria y la preparatoria sin novio. Cuando entré a la universidad a estudiar psicología, nunca hablaba de mi vida amorosa (o la falta de ella) con mi madre. Cuando le mencionaba mis buenas notas o le platicaba cómo había conseguido entrar a una pasantía bastante competida, ella me decía:

—Sí, pero ¿ya encontraste al indicado?

Confesó que rezaba todas las noches para que el indicado se revelara pronto. Y a veces intentaba darle un empujón al destino. Cuando tenía 14 años, unos chicos de la escuela organizaron lo que a finales de 1980 llamábamos una *boum*, o baile, para el cumpleaños de un amigo. En ese evento, mi madre se acercó a una pareja porque pensaba que su hijo (que también tenía 14 años) sería un gran partido para mí cuando ambos cumpliéramos 21. ¡Sí, mi mamá siempre pensaba a largo plazo! Así que los ansiosos padres nos empujaron a bailar juntos esa tarde y, cuando lo hicimos, se pusieron tan contentos que nos tomaron una foto.

Cuando miro la foto hoy, no puedo evitar reírme: el chico y yo bailábamos tan separados que podía caber una mesa entre los dos. Él seguiría cerrando esa brecha con otra persona. Una década después de nuestro baile, se casó, se estableció y formó una familia. Yo seguía, a los 24 años, desafiante y felizmente soltera. ¿Y mi madre? Más preocupada que nunca.

Pronto fue imposible pasar una cena de domingo sin escuchar sus lamentos sobre cómo nunca tendría nietos. Le decía que tuviera paciencia, que buscara un nuevo pasatiempo en lugar de vivir obsesionada con mi vida personal.

—¿Has pensado en tener un cachorrito? —sugerí.

A pesar de lo incómoda que me sentía, comprendía su ansiedad. Ella dependía mucho de mi padre, y él de ella. Ambos obtenían seguridad y sentido de su matrimonio. Querían eso para mí.

La verdad es que le oculté a mi madre (quizá por lo insistente que era) las pocas experiencias que tenía con las citas. Salí durante un par de semanas con un tipo que, quizá para la mayoría de la gente, habría cumplido con todos los requisitos de la lista. Era rico, tenía buenas conexiones, era guapo y de corte aristocrático, el tipo de hombre que fácilmente podrías imaginar montado a caballo. Cuando nos conocimos, en un baile benéfico en Mónaco, a un millón de kilómetros de mi zona de confort, mis amigas (que me llevaron hasta allí a gritos y jalones) bromearon diciendo que había encontrado a mi príncipe azul. Se rieron con entusiasmo cuando me pidió mi número.

En nuestra primera cita, me llevó a la Casa Blanca francesa, el Élysée Palace, donde paseamos por jardines y bebimos champaña en habitaciones forradas con láminas de oro. Mirando su cabello rubio suelto y su sonrisa de estrella de cine, suspiré un poco por mi madre: era *exactamente* el tipo de persona con la que ella siempre había esperado que me casara. Sin embargo, me moría de ganas de salir corriendo de allí, de volver a mis tareas escolares, de regresar a la cancha de tenis.

No es que evitara el romance, sino que ignoraba a quienes sentían algo por mí. Para una neurocientífica social no es fácil admitir esta falta de visión social. Sin embargo, sólo estaba siendo yo misma: la observadora constante, nunca la protagonista, de mi propia vida. En la escuela de posgrado, por ejemplo, compartí una oficina con un simpático estudiante de medicina. Colaborábamos en la investigación, teorizábamos durante largas horas, discutíamos y nos burlábamos y reíamos mucho. Unos años más tarde, me confesó que me enviaba señales (que yo podía leer tan fácilmente cuando estaban dirigidas a otras personas), pero que ninguna de ellas había llegado a buen puerto.

Creo que, en el fondo, estaba abierta a la idea del amor verdadero, que podría haberme enamorado de la persona adecuada. Incluso tenía una imagen mental de mi pareja ideal: amable, atlético, intelectualmente inspirador. Pero no quería pasarme la vida buscando a esa persona especial. Quería que el amor me encontrara y, cuando lo hiciera, quería que el amor se sintiera inequívoco y natural.

Quería que fuera como el que tenían mis padres. Quería que me diera la sensación de propósito que había tenido en mis estudios. Y quería que me diera el golpe de dopamina que recibía de los deportes. Por muy amable que fuera, nada de lo que experimenté con aquel niño rico se acercaba al éxtasis de un revés perfecto en el tenis. Quería que el amor se sintiera así, como una sensación que no envejece.

Y si no era así, bueno, entonces tal vez no era para mí. ¿Quién dice que se necesitan dos para vivir una vida plena? ¿Y si fuera sólo la presión social la que hacía del matrimonio una norma? ¿Y si *uno* no fuera el número más solitario, después de todo?

3
Pasión por el trabajo

La ciencia no es sólo una discípula de la razón,
sino también del romance y de la pasión.
—STEPHEN HAWKING

Te había dicho que nunca me enamoré cuando era joven, pero la verdad es que sí hubo alguien. No recuerdo su nombre, pero nunca olvidaré su sonrisa traviesa, sus penetrantes ojos color ámbar y la forma en que todo su cuerpo, de la cabeza a los pies, estaba cubierto de un suave pelaje marrón.

Estoy hablando de un mono, un macaco de poco más de medio metro de altura que cambió mi vida un día del verano de 1999. Yo tenía 24 años y, como tantas personas a esa edad, no sabía qué camino seguir. Estaba estudiando psicología, pero cada vez sentía un mayor interés por la biología del cerebro, la ciencia dura detrás de la mente. Cuanto más investigaba, más me preguntaba cómo comprender plenamente la naturaleza humana sin explorar la naturaleza del propio órgano que nos *hace* humanos.

Me ofrecí como voluntaria para hacer una presentación sobre el cerebro en beneficio de los otros estudiantes y pasé semanas sumergida en la literatura neurocientífica; redacté una presentación que se volvió monstruosa en su complejidad. Estaba fascinada, eufórica, y durante semanas no pude hablar de otra cosa. El día de la presentación, llegué al salón con una enorme sonrisa en el rostro y me lancé a hablar con más fervor que un predicador evangélico. Y al final, recuperando el aliento, miré a mi viejo y amable profesor, quien de hecho me había animado a hacer la presentación, y me di cuenta de que estaba profundamente dormido.

No podía creerlo. Rompí a llorar delante de mis compañeros y salí corriendo del salón. Más tarde, el profesor se disculpó: estaba tomando un medicamento nuevo que le producía somnolencia. Se sentía tan culpable que, para compensarme, organizó para mí una visita al laboratorio de un famoso neurofisiólogo francés para que pudiera aprender de primera mano cómo funciona el cerebro.

—*In vivo* —añadió, con una mirada significativa.

En aquel momento, no tenía ni idea de lo que significaba *in vivo*, pero dije:

—Claro, ¿por qué no? —y sólo esperaba que ese profesor "Invivo" (fuera quien fuera) no se durmiera también.

Conduje mi pequeño Renault dos horas desde la casa de mis padres hasta el campus de Lyon del instituto de investigación científica más importante de Francia, el CNRS.[1] El laboratorio, completamente pulcro, estaba en silencio, pero sentía una excitante energía recorriendo sus paredes, la sensación de que un gran avance estaba a la vuelta de la esquina. Y aquí fue donde me encontré cara a cara con el mono que cambió mi vida. El macaco estaba en una jaula (un hecho que todavía me hace estremecer), pero parecía feliz de verme, y parpadeaba sus adorables ojos y chillaba con aparente deleite.

In vivo, explicó un estudiante de posgrado, significa en realidad investigar cómo funciona el cerebro dentro de un organismo vivo. En este caso, el organismo era un macaco que estaba sobre una plataforma con una serie de electrodos insertados quirúrgicamente en su cerebro. En los primeros tiempos de la neurociencia, escuchar la actividad cerebral en vivo a través de microelectrodos implantados era una práctica habitual. Cuanto más alto era el sonido, más intensa era la actividad. Esta técnica debe mucho a los pioneros del campo, como el médico italiano Luigi Galvani, que descubrió en el siglo XVIII que las células nerviosas y los músculos son eléctricamente excitables, y el físico alemán Hermann von Helmholtz, que descubrió en el siglo XIX que la corriente eléctrica de una neurona transmitía un mensaje.

Ese día no me dieron demasiados detalles sobre el estudio debido a las normas de confidencialidad, pero supe que los neurocientíficos Jean-René Duhamel y su esposa, Angela Sirigu, estaban investigando el poder de la zona ventral intraparietal, que suele abreviarse como VIP (te ahorraré las habituales bromas que hago a mis alumnos sobre la "sala VIP" del cerebro). Situada justo encima de la oreja, en el lóbulo parietal, esta zona ayuda a los primates (incluidos los humanos) a tener una idea de por dónde van a procesar todas las sensaciones visuales, táctiles y auditivas del cuerpo mientras nos movemos por el mundo. Esta área cerebral desempeña un papel importante en la dirección de nuestra mirada para ayudarnos a evitar chocar con los objetos cuando caminamos o corremos. También nos ayuda a girar la cabeza, como podríamos hacer (o querer hacer) cuando pasa alguien encantador a nuestro lado.

Siguiendo el procedimiento estándar, los investigadores habían conectado los microelectrodos intracraneales (que rastrean la actividad eléctrica en vivo de las señales locales del cerebro) a un amplificador, de manera que podían reproducir literalmente el sonido de las neuronas que se disparaban desde el VIP cada vez que el mono cambiaba la dirección de su mirada.

—¿Quieres escuchar? —me preguntó uno de los investigadores.

Asentí con la cabeza; estaba demasiado emocionada para hablar. Cuando coloqué los audífonos en mis orejas, el tiempo pareció correr más lento. Sentí que mi corazón, en cambio, latía más rápido. Las neuronas del macaco sonaban en su mayoría como estática, pero había una señal fuerte en medio de todo ese ruido. Era como si hubiera sintonizado la mejor emisora de radio del mundo. Me sentí abrumada por la pureza, la autenticidad de esa información, por esa emanación básica de la vida. En ese momento de pura felicidad, supe que había encontrado mi vocación. Fue amor a primer sonido.

Pincelada

A pesar de lo embelesada que estaba por el sonido de un cerebro vivo en acción, supe que yo nunca podría trabajar con sujetos enjaulados. Con el debido respeto a los doctores Duhamel y Sirigu, parte de la razón por la que quería dedicar mi vida a estudiar el cerebro era liberar a las personas. Pensé que la forma más directa de hacerlo era ayudar a la gente a recuperarse de lesiones debilitantes y trastornos cerebrales como la epilepsia. Así que me matriculé en uno de los mejores departamentos de neurología de Europa, en los Hôpitaux Universitaires de Genève (HUG), en Suiza.

Durante mis primeros años en el programa de doctorado seguía viviendo con mis padres al otro lado de la frontera francesa, pero apenas pasaba tiempo en casa. Me levantaba antes del amanecer para tomar el tren de las seis de la mañana a Ginebra y no regresaba hasta pasada la medianoche. El departamento de neurología se convirtió en mi nuevo hogar. Estaba tan entusiasmada con mi trabajo que no necesitaba dormir mucho.

Pronto me sentí como una especie de detective del cerebro. Mi trabajo consistía en descubrir, tras una apoplejía, una epilepsia o cualquier lesión cerebral, qué parte del cerebro se había conservado y cuál era disfuncional y debía ser rehabilitada o, en el caso de la epilepsia intratable, qué parte del cerebro podría ser extirpada por un neurocirujano sin causar ningún déficit conductual o neuropsicológico a largo plazo. Cada caso era fascinante y emocionalmente exigente. Con el tiempo, aprendí a ser compasiva y, a la vez, a desvincularme, a mantener la suficiente distancia para hacer mi trabajo sin caer en picada cuando me encontraba con un atleta que había perdido la capacidad de caminar, o con una madre que ya no era capaz de reconocer a sus propios hijos.

Uno de los primeros indicios que tuve de que el amor y la pasión desempeñaban un papel inusualmente importante en el funcionamiento interno del cerebro fue mi experiencia al examinar a una paciente suiza de 71 años llamada Huguette. Era una exitosa pintora y diseñadora textil que había alcanzado cierto renombre como profesora de arte en Ginebra, donde incluso había tenido su propio programa de televisión durante un tiempo. El arte era su vida. No sólo le proporcionaba un medio de sustento, sino también una forma de pensar e interactuar con el mundo. Nunca salía de casa sin un cuaderno de dibujo. Y compartía su pasión con su amado marido, que era también un célebre pintor.

Conocí a Huguette en el hospital un día de octubre de 2001.[2] Parecía atormentada, pues acababa de vivir las veinticuatro horas más aterradoras de su vida. Se había despertado repentinamente a mitad de la noche y, sin poder volver a dormir, había ido a la cocina a beber agua. Sin embargo, mientras bajaba las escaleras, una extraña sensación la invadió. Se sentía "desorientada" en su propia casa. No podía reconocer las paredes de su escalera. Cuando entró tambaleante en la cocina, no pudo localizar el gabinete donde guardaba las tazas. ¿Era sonámbula? ¿Estaba teniendo una pesadilla? Se pellizcó sola. Sabía que estaba despierta. ¿Qué le estaba pasando?

Intentó ignorar la sensación. Volvió a la cama y, un rato después, se quedó dormida. Por la mañana, Huguette se sintió más o menos normal, salvo por el dolor de cabeza, un dolor horrible y punzante. Se tomó un analgésico e intentó seguir con su ajetreada jornada de pintura y enseñanza.

Alrededor de la una de la tarde, subió a su coche para recoger a su marido en su propio estudio de arte, a unos tres kilómetros de su casa en Ginebra. Pero mientras conducía por su barrio (el cual conocía tan bien que podía recorrerlo con los ojos cerrados) se dio cuenta de que no tenía idea de dónde estaba ni de qué dirección debía seguir. Continuó dando vueltas en una glorieta, sin saber qué salida tomar. Entonces, se escuchó un fuerte sonido. Se había estrellado contra la glorieta. Frenó bruscamente y logró bajar del coche, tropezando. Estaba desorientada. Un transeúnte se apresuró a socorrerla:

—*Madame*, ¿se encuentra bien?

—No lo sé. Estoy perdida. No sé dónde estoy.

—¿Dónde vive?

Ella no tuvo ningún problema para proporcionar su dirección. Y, una vez en casa, no tuvo dificultad para reconocer a su familia, que llamó de inmediato a una ambulancia. Huguette fue llevada rápidamente al hospital. Le hicieron una tomografía computarizada para comprobar que no hubiera un tumor o una hemorragia, y un electroencefalograma de superficie (EEG) para descartar un ataque epiléptico. Las pruebas mostraron que había sufrido un grave derrame cerebral en el lóbulo parietal derecho.

El lóbulo parietal, situado encima de la corteza cerebral, es una parte fascinante del cerebro que he estudiado con gran detalle. Entre otras muchas funciones, nos ayuda a dar sentido a lo que vemos. El lóbulo parietal contiene la región VIP (la misma que oímos en el cerebro del macaco) que dirige nuestra mirada y ayuda a orientar nuestra atención espacial hacia el entorno. El lóbulo parietal también es responsable de nuestra imagen corporal (la forma en que nos vemos a nosotros mismos en el ojo de nuestra mente) y de la atención visual (aquello en lo que decidimos enfocarnos y aquello que decidimos ignorar).

Basándonos en los síntomas de Huguette y en la localización de su lesión, sabíamos que su derrame cerebral había provocado un deterioro importante de la atención. Pero todavía no sabíamos de qué tipo. La ingresamos en el hospital para realizar una serie de

PASIÓN POR EL TRABAJO

pruebas de comportamiento. Mientras esperábamos los resultados, tuvimos un inesperado avance en el diagnóstico.

Tuvo que ver con el desayuno. Huguette estaba enfadada: su bandeja parecía carecer de la mitad de su contenido. ¿Por qué no le habían dado a ella jugo de naranja y un plato de fruta?, preguntó amablemente. La paciente que compartía su habitación en el hospital sí tenía esos productos en su bandeja. "¿Por qué faltan en la mía?"

Una enfermera miró la bandeja de Huguette e intentó disimular su sorpresa. El jugo de naranja y el plato de fruta estaban justo allí, en el lado izquierdo de la bandeja, a plena vista. Sin embargo, Huguette no podía verlos. Para ella, no existían. Una luz se encendió en mi cabeza. Pedí ver el cuaderno de dibujo de Huguette. Me había dado cuenta de que había estado dibujando desde su llegada al hospital. Pensé que se trataba de un mecanismo de supervivencia, una forma de afrontar la incertidumbre de su diagnóstico.

Sonreí al ver los dibujos. Había bocetos de la enfermera, de los médicos trabajando, de una hermosa mujer con velo cuya imagen había encontrado Huguette en una revista de moda. Los dibujos eran encantadores, ligeros, juguetones, llenos de vida, pero había algo en ellos que también era, innegablemente, extraño. Contenían sorprendentes omisiones y distorsiones que Huguette, una gran dibujante con gran atención al detalle, según descubrí más tarde, parecía no notar. Y estas omisiones y distorsiones se limitaban en todos los casos al lado izquierdo de la página. Ella había dibujado a personas a quienes les faltaba el brazo izquierdo o el ojo izquierdo. Había dibujado a una mujer que sólo llevaba la mitad derecha de su blusa.

Mi diagnóstico fue rápido. La paciente estaba sufriendo una *hemineligencia espacial*[3] del lado izquierdo, una especie de ceguera atencional (o ceguera del ojo de la mente), que tenía el efecto de oscurecer la mitad de su mundo. Debido a que el daño se había producido en el hemisferio derecho de su cerebro (que controla el lado izquierdo del cuerpo), sólo había afectado al lado izquierdo de su ojo mental. Técnicamente, los ojos de Huguette aún podían *ver* todo lo que la rodeaba, a babor y estribor, pero su ojo mental sólo prestaba atención a los objetos a su derecha. No era como si el lado izquierdo estuviera apagado, sino que había dejado de existir, de importar. El mundo entero se le mostraba ahora dividido a la mitad. Ya fuera un vaso de jugo de naranja, un coche o un pato nadando en el lado izquierdo del lago de Ginebra, Huguette no podía saber, literalmente, de qué se estaba perdiendo.

¿Qué podría ser más devastador para una artista? Pero éste no era su único problema. La autopercepción de Huguette también parecía afectada por el derrame cerebral. Cuando se miraba la mano y el pie izquierdos le parecían gigantescos, como si los viera a través de una lupa.

—¿Crees que alguna vez podré volver a pintar como antes? —me preguntó.

Intenté tranquilizarla:

—Sé que lo harás.

Pero también le dije que no podría recuperar sus capacidades sin someterse a meses de rehabilitación. Empezamos de inmediato; no obstante, pronto quedó claro que el programa normal de rehabilitación le estaba fallando. A los pacientes con derrames cerebrales se les suele asignar una serie de ejercicios que se parecen un poco a los juegos de los niños. Pueden pasar horas haciendo tareas tan sencillas como meter clavijas de madera en agujeros pequeños. Huguette miraba estos "juguetes" que le traíamos con un desprecio absoluto.

—¿Cómo va a ayudarme *esto* a pintar de nuevo?

Su reacción era la típica de los pacientes de alto funcionamiento (directivos, artistas, atletas, ingenieros) que se deprimen o frustran cuando se les obliga a realizar tareas de recuperación que parecen estar muy por debajo de su capacidad normal. Una parte del cerebro de Huguette estaba dañada, sin duda, pero su identidad estaba completamente intacta. Por lo tanto, cualquier régimen de tratamiento debía considerar este hecho.

Por eso, cuando Huguette se negó rotundamente a hacer los ejercicios del libro de texto, decidí desechar el libro de texto. Si sólo le interesaba el arte, bien, utilizaríamos su pasión como conducto para recuperar su ojo mental. Adopté un enfoque de amor duro. Le dije que estaba inscrita en una nueva clase de arte y que yo era la instructora.

¿Cuál era el plan de estudios? Esbozar nuevas conexiones en el cerebro. El objetivo era utilizar el poder natural de adaptación del cerebro para aprovechar las regiones sanas preservadas y crear nuevas conexiones que compensaran o evitaran el daño. En el caso de Huguette, eso significó meses de difíciles sesiones de rehabilitación centradas en su pasión, y su identidad, como artista. En resumen, tuvo que enseñarse a sí misma a dibujar de nuevo, a ampliar un lienzo que se había reducido radicalmente. Fue un trabajo difícil y meticuloso.

En las tres primeras semanas, hizo más de sesenta dibujos en un esfuerzo por recuperar su visión. A pesar del cansancio, a pesar de la depresión, hizo todo lo que le pedí. A menudo tenía ganas de rendirse, de desaparecer en la gran bufanda que usaba en los fríos pasillos del hospital. Pero rendirse significaba perder su identidad como artista.

Después del último ejercicio, cuando parecía que no llegaríamos a ninguna parte, me preguntó:

—¿Para qué sirve todo esto? —respiré profundamente.

—Tu lóbulo parietal —le expliqué— es como una gran casa con muchas habitaciones. Y una de ellas se ha quedado a oscuras. Un fusible fundido, un cortocircuito, cualquiera que sea la causa, las luces de esa habitación están apagadas ahora. Y no puedes volver a encenderlas. Entonces, ¿cómo vas a ver? ¿Cómo puedes pintar en la oscuridad? Bueno, pues necesitas encender las luces de todas las demás habitaciones, abrir todas las puertas, derribar paredes si es necesario, para *inundar* la casa con tanta luz que no importe que haya un apagón en una habitación. Porque ahora toda la casa está iluminada.

Y eso fue exactamente lo que hicimos. Le pedí a Huguette que dibujara un autorretrato desde diferentes ángulos, utilizando espejos para reflejar su imagen del lado derecho al izquierdo. Una y otra vez, manipulé su campo de visión, obligándola a prestar atención al lado ignorado, a "visitar" otras "habitaciones" de la casa de su mente, a encender más luces y a derribar las paredes.

Empezó a progresar, primero a pequeños pasos, después a pasos agigantados. Me sorprendió el hecho de que si no hubiera sido una artista (si no hubiera tenido esa pasión y ese amor por su trabajo) nunca habría podido recuperarse de un derrame cerebral tan severo. Por cierto, el amor parecía estar relacionado con muchos de los avances de Huguette en la rehabilitación. Cuando colocábamos una fotografía de un miembro querido de la familia (un nieto, por ejemplo) en su ignorado lado izquierdo, la notaba con más facilidad y rapidez que una imagen de un objeto o alguna persona desconocida. Las asociaciones positivas que tenía con su nieto desencadenaban una potente respuesta emocional que activaba el sistema límbico del cerebro. Este sistema gestiona las emociones y los recuerdos, y es especialmente efectivo a la hora de captar señales y enviarlas al lóbulo parietal, dándole el "empujón" que necesitaba para superar su déficit atencional.

Poco a poco, a medida que construía nuevas conexiones mentales, formaba nuevos hábitos y encontraba nuevas formas de ver, aprendió a dirigir su atención hacia el lado izquierdo. Al principio, los objetos parecían astillarse en tiras irregulares cuando los enfocaba, casi como las distintas secciones de un vitral. Pero, con el tiempo, el cuadro se volvió completo. El lienzo se desplegó.

Al cabo de un año, se había recuperado casi por completo. No sólo eso, sino que también salió de la rehabilitación con un entendimiento aún mejor de los ángulos y las proporciones, un sentido más agudo de cada pincelada, una comprensión más profunda de su propia identidad como artista. Me confesó que, antes del derrame cerebral, a veces se sentía demasiado cauta en su trabajo. Incluso tenía un complejo de inferioridad respecto a su marido artista, que tenía más éxito comercial.

Tras el derrame cerebral y su recuperación, todas esas inseguridades desaparecieron. Sus lienzos se hicieron más grandes; su estilo, más suelto y experimental. Incluso empezó a proyectar luces de colores en sus obras e inauguró una exposición en el hospital.

—No puedo creer que esté diciendo esto —me dijo—, pero siento que este derrame cerebral me liberó.

La plasticidad lo hace posible

La recuperación de Huguette ilustra el poder que tiene el cerebro para restablecer sus propias conexiones,[4] esa extraordinaria característica conocida como *neuroplasticidad*, que es fundamental para entender el funcionamiento de este órgano.

Los neurocientíficos hablan a menudo de la *función* de ciertas regiones del cerebro. Dicen que una determinada región nos ayuda a almacenar recuerdos (como el hipocampo) o a detectar el peligro (como la amígdala). Esto puede dar la falsa impresión de que los comportamientos complejos son exclusivos de una u otra parte del cerebro. Pero, en realidad, esto no suele ser así. Al contrario, el cerebro valora la versatilidad y le gusta repartir su trabajo entre muchas regiones.

El lenguaje, por ejemplo, no está localizado en una sola parte de tu cerebro. En su producción y procesamiento intervienen muchas áreas, desde el lóbulo frontal hasta el lóbulo parietal, pasando por partes del lóbulo temporal y el córtex insular, por nombrar sólo algunas. En las siguientes páginas hablaré con detalle de estas regiones, porque también están íntimamente implicadas en nuestra capacidad para establecer relaciones amorosas.

Cada área del cerebro tiene también múltiples funciones, por lo que diferentes regiones del cerebro pueden complementar, reforzar o, cuando es necesario, duplicar el trabajo de las otras. También pueden adaptarse y desarrollar una nueva función para suplir la falta de trabajo cuando otra región está dañada.

Todo esto puede parecer extraño si uno se inclina a pensar que el cerebro es una máquina, como un coche, que está formada por partes individuales que realizan tareas específicas. En un coche, si se descompone el aire acondicionado, no esperas que el sistema de inyección de combustible comience a ventilar milagrosamente aire fresco.

Sin embargo, en el cerebro, este tipo de manipulación se produce de manera constante. Cuando hay un daño, el cerebro intenta adaptarse para preservar su funcionalidad. Tiene muchas vías neuronales, muchas maneras de llegar al mismo destino. Si una vía está bloqueada, a veces puede redirigir una señal por otra vía. Esta tendencia del cerebro a compensar los daños también explica por qué la pérdida de uno de nuestros sentidos (como la vista) suele potenciar otro (como el oído). El cerebro intenta compensar en un lugar la pérdida en otro.

Esto es lo que le ocurrió a Huguette. Aunque no se fijaba en las cosas del lado izquierdo, se volvió inusualmente sensible a los objetos del lado derecho después de haber sufrido el derrame cerebral. Y cuando finalmente se recuperó, tras la rehabilitación, se había convertido en una pintora más analítica. Su cerebro no sólo compensó el daño, sino que las nuevas conexiones mentales que estableció le hicieron sentir que, además de recuperar la funcionalidad que había perdido, había ganado una nueva y fascinante perspectiva.

Aunque Huguette era única en muchos aspectos, su recuperación siguió un patrón que pronto empecé a ver en decenas de otros pacientes. A menudo, era la pasión por lo que más amaban en la vida (ya fuera una vocación, una afición o una persona) lo que les ayudaba a redescubrir la habilidad o la capacidad que habían perdido. Había leído sobre el "poder del amor" en los libros de psicología popular, lo había oído en las baladas e incluso me había maravillado con él en la cocina de mis padres mientras crecía, pero ahora me estaba enterando de que podría desempeñar un papel importante y todavía no descubierto en el cerebro. Y empecé a preguntarme si el amor podría ser la clave no sólo para ayudar a recuperar un cerebro lesionado, sino también para ayudar a que un cerebro sano prospere.

4
La máquina del amor

Todas las verdades son fáciles de entender una vez que han sido descubiertas; la cuestión es descubrirlas.

—GALILEO

Antes de que yo llegara,[1] sólo unos pocos investigadores habían tratado de utilizar las herramientas de la neurociencia para estudiar el amor. Una de las razones de esto es que es un tema extremadamente difícil de abordar. La manera en que el cerebro codifica la conexión entre dos personas no era algo que pudiéramos descubrir fácilmente, y mucho menos medir o llevar a una ecuación matemática. Me sentía un poco como Newton contemplando la gravedad: una fuerza invisible que sabía que existía, pero que aún no podía explicar.

Había, además, otro problema todavía más delicado: el escepticismo de mis compañeros neurocientíficos sobre si explorar las bases neuronales del amor era incluso un asunto que valiera la pena, para empezar.

—¿La neurociencia del amor? Por favor, dime que se trata de una broma —se burló uno de mis asesores de la facultad en Ginebra—. Es un suicidio profesional. Nadie te financiará. Nadie te publicará.

Para él, era casi como si yo estuviera creando el equivalente científico del algodón de azúcar, como si cualquier cosa relacionada con el romance no fuera lo suficientemente seria y sustantiva. No sería el último hombre en decirme que el amor era un tema demasiado blando para una científica seria, pero quizá fue el más directo. Y como todavía estaba en la escuela de posgrado, tuvo la mejor oportunidad de alterar mi curso.

—Estás trabajando muy duro para conseguir tu doctorado. ¿Por qué lo tirarías por la borda en un tema tan común, tan... simple?

¿Simple? Su descripción me conmocionó. La fórmula para hacer sal en química es simple: una parte de sodio, una parte de cloruro. ¿La fórmula para hacer un amor duradero? Ésa es mucho más compleja. Y los científicos de mente abierta lo entendían. Ojalá hubiera sabido en ese entonces sobre el trabajo de Peter Backus, un economista que había calculado que tal vez hay más civilizaciones alienígenas inteligentes en el universo que mujeres elegibles para él en el planeta Tierra.

El amor es todo menos simple. Mientras este asesor me criticaba, yo pensaba en las muchas científicas sociales pioneras como Elaine Hatfield, Ellen Berscheid, Barbara Fredrickson, Lisa Diamond y Susan Sprecher, que me habían precedido para estudiar la psicología del amor con rigor.

Después de escuchar educadamente el discurso del profesor, me despedí, cerré con suavidad la puerta de su despacho y entonces dije en voz baja:

—Vete al diablo.

¿Cómo podía un científico desestimar algo tan claramente significativo para la experiencia humana sólo por cómo *sonaba*, o cómo se *veía*? ¿No era nuestro trabajo como científicos plantear las preguntas que otras personas ni siquiera habían pensado en formular?

En su defensa, *había* una pregunta técnica legítima sobre si esa cosa que la gente llamaba "amor" era demasiado vasta, demasiado vaga, demasiado subjetiva para estudiarla con eficacia. ¿Era sólo un compuesto de sentimientos más básicos como la atracción y el apego, una "emoción de segunda mano", como cantó alguna vez Tina

Turner? ¿Tal vez el "amor" significaba cosas totalmente diferentes para cada persona en función de su personalidad, su clase social o su cultura? ¿Quizá sería mejor reducir el alcance de mi investigación?

Esto quedó perfectamente ilustrado cuando solicité una propuesta de subvención con la palabra *amor* en el título: fue rechazada. Más tarde, envié la misma propuesta, pero añadí un cambio: sustituí "amor" por "vínculo de pareja", y entonces recibí el dinero de la beca.

Aunque al principio los académicos dudaron del valor de estudiar el amor, la prensa popular no tardó en acoger mi trabajo, sobre todo, en torno al día de San Valentín, cuando recibí solicitudes de entrevistas de revistas como *Scientific American* y *National Geographic*. Después de los primeros artículos, los colegas empezaron a referirse a mí en broma como la "Doctora Amor". La cobertura de los medios de comunicación también atrajo la atención de los estudiantes universitarios, quienes pronto se interesaron por mi investigación, pensando que podría ayudarles a navegar por sus propios romances estudiantiles en ciernes.

En 2006 me trasladé de Ginebra al Dartmouth College de New Hampshire, donde trabajé como investigadora en el departamento de ciencias psicológicas y del cerebro con los neurocientíficos de renombre mundial Scott Grafton y Michael Gazzaniga. Un nuevo idioma, una nueva cultura, un nuevo clima... Estuve perdida hasta que encontré el camino hacia el laboratorio donde se guardaban los escáneres cerebrales y las computadoras, y pude pasar las noches y los fines de semana estudiando los datos.

A menudo, durante las horas de trabajo, una estudiante se presentaba en mi puerta con una petición especial. Por lo general, iba acompañada de una o dos amigas para que la apoyaran. Se había enterado de mi trabajo por los folletos que ponía en la biblioteca: SE BUSCAN MUJERES ENAMORADAS.

Tras un tímido golpe en la puerta de mi despacho, oí un incómodo carraspeo para aclararse la garganta.

—Disculpa, ehhh, Stephanie... ¿tienes un minuto para charlar?

Aunque podía escribir artículos científicos en inglés, todavía estaba aprendiendo el lenguaje cotidiano, y la palabra *charlar* me desconcertó. Pero me daba la sensación de que quería hablar.

—Toma asiento, por favor.

La estudiante se sentó, metió las manos en los bolsillos de sus jeans y empezó a sonrojarse. Sus amigas la animaron.

—¡Anda, sólo pregúntale!

—¡Bueno! —dijo, antes de dirigirse a mí para hacer una petición que escucharía varias veces ese año—: ¿crees que podría usar tu máquina del amor?

En mi solicitud de patente[2] la llamé "Sistema para detectar un estado cognitivo-emocional específico en un sujeto", pero los estudiantes eligieron llamarla "Máquina del amor", así que ése fue el nombre que se quedó. Se trataba de una prueba informática de diez minutos que diseñé y que, según los estudiantes, podía ayudarles a decidirse entre dos posibles parejas románticas. Si una estudiante se debatía entre el chico popular con los abdominales marcados y el friki torpe con una sonrisa entrañable, este programa parecía ser capaz de mirar dentro de su corazón y adivinar qué chico (o chica) le gustaba *de verdad*.

No me había propuesto desarrollar un aparato de citas para los estudiantes universitarios. Después de mi experiencia en Ginebra estudiando a pacientes como Huguette, quería comprobar el poder de las emociones positivas en el cerebro de forma sistemática. Huguette había utilizado su amor por la pintura para superar los daños cerebrales causados por un derrame cerebral masivo. Vi cómo las asociaciones que había formado con esta amada vocación mejoraban literalmente la función y la plasticidad de su mente. Los resultados de nuestro trabajo conjunto fueron impresionantes, pero en última instancia anecdóticos, como el historial de cualquier paciente.

Quería averiguar si su experiencia y otras similares que observé con otros pacientes en la sala de neurología no eran incidentes aislados, sino que iluminaban alguna característica general del cerebro. Quería averiguar si los estímulos emocionales positivos como el amor y la pasión (por un deporte, por ejemplo) podían mejorar el funcionamiento del cerebro en todas las personas.

La mayoría de los neurocientíficos que conocía habían centrado su interés en el lado opuesto del espectro emocional: el lado oscuro. Se había investigado mucho, incluso por algunos de mis colegas en Ginebra, sobre cómo los estímulos negativos aceleraban los tiempos de reacción de ciertas regiones del cerebro. Se habían realizado experimentos de imprimación subconsciente en los que se mostraba a los pacientes la imagen de una serpiente o una araña a una velocidad demasiado rápida para que la gente la registrara conscientemente, pero no lo suficiente para que no la detectara la amígdala, una región del cerebro que está muy atenta a las amenazas.

Derivada de la palabra griega que significa "almendra" (por su forma pequeña y ovalada), la amígdala está enterrada bajo la corteza cerebral en una de las partes más antiguas del cerebro, el sistema límbico, y está diseñada para recibir y actuar sobre la información de las amenazas con una rapidez asombrosa, mucho antes de que esa información llegue a nuestra conciencia. Desde un punto de vista evolutivo, estar alerta ante un estímulo negativo tiene mucho sentido. Si soy un humano primitivo buscando comida en la selva, tengo que ser capaz de discernir rápidamente si ese objeto largo y oscuro que yace en el suelo del bosque es una ramita... o una serpiente. También necesito ser capaz de ver a una persona entre la maleza y detectar que se trata de un extraño con intenciones hostiles, de manera que consiga escapar.

Esta respuesta evolutiva se produce a través de lo que el neurocientífico Joseph LeDoux denomina "vía baja",[3] una vía emocional directa diseñada para provocar respuestas defensivas sin pensamiento consciente. Es como una autopista que conecta la entrada visual de la amenaza desde los ojos hasta la amígdala, lo que provoca que el hipotálamo active la "respuesta de lucha o huida", el modo de auto-defensa del cuerpo.

Todo esto ocurre en un abrir y cerrar de ojos (o en unos cien mi-lisegundos),[4] y es preconsciente (los procesos de pensamiento cons-ciente entran en acción a los trescientos milisegundos, es decir, un tercio de segundo). Por eso es posible que uno se acobarde, salte o levante el brazo ante una amenaza casi automáticamente, incluso antes de percibir a qué está respondiendo.

La función de la amígdala fue tal vez la más dramáticamente ilus-trada por la paciente S. M. del neurocientífico Ralph Adolphs,[5] cuya amígdala había sido destruida a causa de un trastorno genético. Como consecuencia, no podía experimentar ningún miedo. Dicho sea de paso, esta situación era aterradora para S. M., ya que sin la capacidad de detectar amenazas no podía alejarse de situaciones peligrosas, lo que explica en parte por qué fue víctima de varios delitos violentos.

Sin embargo, por mucho que la amígdala registre el miedo, en realidad lo que hace es detectar la *saliencia*, los cambios en el entorno en los que merece la pena poner atención. El cerebro, por regla gene-ral, está programado para detectar el cambio. Normalmente, cuan-do una situación es estable, es segura; cuando cambia rápidamente, no tanto. Por eso la amígdala es famosa como detector de amenazas cuando, en realidad, capta todo tipo de cambios, positivos o negativos.

Una vez realicé un estudio con pacientes epilépticos a los que se les implantaron electrodos en la amígdala. Se les enviaron mensajes subliminales de palabras emocionales con carga negativa y positiva. Como se predijo, las palabras negativas activaron el famoso detec-tor de amenazas de la amígdala, pero lo que me fascinó fue que las palabras positivas también activaron la amígdala, aunque no tan rá-pidamente (y por "no tan rápidamente" me refiero a una diferencia de unas centésimas de segundo).

Los resultados sugieren que, así como estamos programados para detectar y reaccionar ante el peligro, también estamos programados para responder a la oportunidad de tener experiencias positivas, cosas de las que no queremos alejarnos, sino acercarnos. La necesidad de amor puede ser menos inmediata que la de evitar el peligro, pero no es en absoluto un lujo. Como hemos aprendido, los humanos evolucionaron gracias al amor, y nosotros evolucionamos *para* amar. Así que tal vez el amor tuvo su propio camino hacia el cerebro (otra de las "vías bajas" de LeDoux).

La máquina del amor fue diseñada para averiguar si esto era cierto. Funcionaba así: un participante, digamos la estudiante que me visitó aquel día en Dartmouth para pedir un consejo sobre citas, proporcionaba al programa los nombres de las dos personas que le interesaban. Digamos: Blake y Shiloh. Entonces comenzaría la prueba. Su pantalla parpadeaba y ella podía ver el destello, pero no podía detectar que acababa de ser imprimida subliminalmente con el nombre de Blake, que aparecía en la pantalla durante veintiséis milisegundos. No es tiempo suficiente para que el cerebro perciba conscientemente la palabra, pero sí para transmitir un mensaje subliminal que activa la amígdala y desencadena las emociones asociadas al nombre Blake.

Una vez desencadenada esta asociación subliminal, la participante completa una serie de tareas léxicas: clasificar palabras reales y falsas. Al hacer un seguimiento minucioso de sus tiempos de respuesta, podemos medir pequeñas diferencias que el análisis estadístico ha revelado como importantes... y significativas. Cuando la estudiante fue imprimida con el nombre de Blake, reconoció las palabras reales casi un 20 por ciento más rápido que cuando fue imprimida con Shiloh. Y al aleatorizar el orden, de modo que Shiloh apareciera primero, seguía experimentando la misma reacción rápida ante Blake.

Pero ¿significaba esto necesariamente que tenía una preferencia inconsciente por Blake? ¿Y si, por el contrario, prefería a Shiloh y las asociaciones positivas desencadenadas por ese nombre la *distraían* de la tarea léxica, haciendo que Blake sólo pareciera el chico preferido? Para eliminar esta posible confusión, también llevé a cabo un experimento de la "máquina del amor"[6] con mujeres que declaraban estar loca y profundamente enamoradas de su pareja. Puse los nombres de las parejas de las mujeres en la máquina junto con los de un amigo al que hubieran conocido durante el mismo tiempo que a su amado. De este modo se aseguraba que su cerebro no respondía simplemente a la familiaridad de un nombre sobre el otro. El resultado: las personas tuvieron un desempeño significativamente mejor en la tarea léxica después de haber sido imprimidas con el nombre de la persona que indudablemente amaban.

Ahora mi pregunta era por qué. ¿Por qué ocurriría esto? ¿Por qué el amor mejoraría la velocidad de lectura de una persona? Supuse que tenía que ver con la forma en que el cerebro está interconectado. Cuando el nombre Blake aparecía ante los ojos de la alumna y excitaba las neuronas del cerebro debido a las asociaciones positivas de éste, se activaba el sistema de "recompensa" del cerebro. Cuando el mensajero químico dopamina brotó de varias áreas, entre ellas el área tegmental ventral y el hipotálamo, envió un torrente de energía gozosa que recorrió no sólo las regiones que procesan los sentimientos de felicidad, sino también otras áreas conectadas, como las que nos ayudan a analizar el lenguaje escrito.

La estudiante no *decidió* que nada de esto ocurriera; la reacción y sus efectos no eran algo que estuviera bajo su voluntad o control, y ni siquiera eran parte de su conocimiento consciente. La prueba, en otras palabras, *reveló* sus verdaderos sentimientos, su genuina preferencia, el hecho de que su cerebro había hecho asociaciones positivas con Blake que no existían para Shiloh. Un colega resumió el resultado del estudio de esta manera: "Cuando sabes, sabes... incluso cuando no lo sabes".

La pregunta era entonces: ¿por qué esos sentimientos eran inescrutables para ella? ¿Por qué necesitaba la "máquina del amor" para desbloquearlos? En realidad, este programa funcionaba de forma similar a un test de asociación implícita (o IAT, por sus siglas en inglés), que mide si las personas tienen un sesgo inconsciente que favorece a un género o una raza, por ejemplo, en detrimento de otra. Este tipo de pruebas pueden revelar sentimientos que están enterrados en lo más profundo, aquellos que se quieren ocultar, incluso a uno mismo.

Sin embargo, de la misma manera que la investigación de mis colegas de Ginebra sobre las emociones negativas, estas pruebas suelen centrarse en el lado oscuro, en las reacciones inconscientes desagradables, las que están implicadas en la discriminación. Los prejuicios son algo que tenemos que controlar y erradicar. Pero el amor es algo que a menudo necesitamos liberar. Con frecuencia, es nuestra preferencia inconsciente ("lo que el corazón quiere") lo que nos hará más felices. Como dijo Blaise Pascal, "el corazón tiene sus razones que la razón desconoce".

Los problemas, el drama al estilo de Romeo y Julieta, suelen ocurrir cuando algo se interpone en el camino. Curiosamente, cuando comunicaba a los alumnos sus resultados, la respuesta solía ser: "¡Lo sabía!". Entonces, ¿para qué necesitaba la máquina del amor?

La mayoría de los estudiantes, si eran sinceros consigo mismos, tenían un presentimiento sobre qué chico o chica elegir, pero sus lóbulos frontales (que incluyen regiones que actúan como "padres" en el cerebro, diciéndonos "no hagas eso") se interponían.

La estudiante que se encontraba sentada en mi despacho se sintió de alguna manera empoderada cuando se enteró de que la máquina del amor había confirmado su intuición. Yo reforzaba suavemente esta sensación y le recordaba que la decisión de actuar (o no) ante esa noticia de su cerebro era suya, y sólo suya. Sonrió y se marchó de la sesión con una actitud triunfante, con la barbilla en alto y sus dos amigas detrás de ella.

La parte más profunda

Sabía, por nuestros experimentos con la máquina del amor, que cuando las personas eran imprimadas con el nombre de sus amados parecían pensar de forma diferente, o al menos más rápidamente. Esto sugería la posibilidad de que el amor, como emoción, fuera más complejo (es decir, *más inteligente*) de lo que se esperaba. Pero aún no sabíamos exactamente lo que ocurría en el cerebro para explicar estas diferencias. Sólo podíamos especular sobre las regiones implicadas o el mecanismo que había detrás. Para saber más, necesitábamos mirar dentro del propio cerebro.

La resonancia magnética funcional (RMF) es una técnica utilizada por los neurocientíficos para comprender la base biológica de los distintos estados psicológicos. Desde su introducción en la década de 1990, la RMF ha desempeñado un papel fundamental en la identificación de las áreas cerebrales implicadas en diversas funciones sociales y cognitivas, y comportamientos. Cuando una zona del cerebro está más activa, consume más oxígeno y, para satisfacer este aumento, se incrementa el flujo sanguíneo en esa zona. La resonancia magnética funcional registra este proceso y nos permite ver con gran detalle qué partes del cerebro se activan en respuesta a distintos estímulos.

En un experimento de seguimiento, hice que treinta y seis participantes, todas mujeres, realizaran la prueba de la máquina del amor mientras yo escaneaba sus cerebros mediante la RMF.[7] Esta vez, les pedí que me dieran el nombre de alguien con quien tuvieran una conexión romántica apasionada (de acuerdo con una escala psicológica popular), así como el nombre de un amigo (por el que no se sintieran física o intelectualmente atraídas) y una afición que les apasionara (como el tenis o la escritura, por ejemplo).

Los resultados fueron interesantes en distintos niveles. En primer lugar, en cuanto al efecto de imprimado subliminal, detecté que los dos grupos de personas que habían sido imprimados con los nombres de sus parejas amadas y de sus aficiones apasionadas disfrutaban de un aumento significativo del rendimiento en la tarea léxica cognitiva en comparación con las que eran imprimadas sólo con amigos. Y cuanto más decían sentirse enamoradas de su pareja, más rápidos eran sus tiempos de reacción.

A continuación, observé lo que ocurría en el cerebro mientras las participantes realizaban la prueba. Aquí es donde las cosas se ponen *realmente* interesantes. Mi hipótesis era que el amor activaría principalmente el llamado cerebro emocional, que comprende las antiguas partes del sistema límbico, así como el sistema de "recompensa" hambriento de dopamina que los psicólogos siempre han asociado con el amor. Vi que todos estos sospechosos habituales se activaban efectivamente con la imprimación del amor y la pasión.

Pero no eran las únicas regiones que se activaban intensamente con el amor. También vi que el amor, así como la pasión (por un deporte o una afición) pero *no* la amistad, activaba inesperadamente partes más sofisticadas del cerebro, como las áreas fusiformes bilaterales y el giro angular. Se trata de regiones cerebrales de orden superior que están implicadas en el pensamiento conceptual, el lenguaje metafórico y las representaciones abstractas del yo, y no son regiones que uno asocie fácilmente con los asuntos del corazón.

Esto fue sorprendente. Y una de estas regiones, el giro angular, apareció muy recientemente en nuestra historia evolutiva y había evolucionado junto con los rasgos que nos hacen humanos: la creatividad, la intuición, la memoria autobiográfica, el lenguaje complejo, el aprendizaje a través de la experiencia, la imaginación y el pensamiento divergente (se ha teorizado que parte de la genialidad de Einstein[8] tendría que ver con el hecho de que tenía un giro angular inusual). ¿Por qué esta región se ilumina tan intensamente a causa del amor?

El giro angular no se había activado para otras emociones positivas,[9] como la alegría y la sorpresa. ¿Podría esto sugerir que el amor
no es sólo un sentimiento, sino también una forma de pensar?

El mapa del amor

Me quedé atónita al descubrir que el amor y la pasión desencadenan
estas regiones que creíamos alejadas del cerebro emocional. ¿Era yo
la única que veía estos datos? ¿O la evidencia había estado ocultán-
dose a plena vista todo el tiempo?

Decidí hacer un metaanálisis, un gran estudio de grupo con los
pocos estudios anteriores de RMF que se habían realizado sobre el
amor, basándome en los resultados que se habían comunicado en
trabajos anteriores y también en datos complementarios que los investigadores no habían pensado en incluir en sus artículos, pero que
podrían ofrecer pistas. El objetivo era hacer una especie de mapa
del amor en el cerebro, para obtener una imagen completa de cómo
funcionaba este complejo fenómeno humano.

Mis coautores y yo pasamos semanas frente a la computadora,
sumergidos hasta las raíces metodológicas de los estudios anteriores. Cuando terminamos de sacar cuentas, descubrimos que el amor
parecía activar doce regiones cerebrales específicas.[10] Entre ellas se
encontraban no sólo las zonas habituales: el sistema de "recompensa" del cerebro y las regiones subcorticales que controlan las emociones, sino también algunas más sofisticadas que figuraron en mi
estudio inicial de RMF, regiones de la corteza cerebral que se encar-
gan de funciones cognitivas superiores, como la representación de
uno mismo y la imagen corporal.

A continuación, comparamos el mapa cerebral del amor romántico con el del amor de compañeros (el que sentimos por los amigos)
y el único otro tipo de amor que había sido estudiado ampliamente

LA MÁQUINA DEL AMOR

por los neurocientíficos, el amor materno. Las doce regiones de la "red del amor" se activaron con los tres tipos de amor, pero la intensidad y el patrón de activación fueron diferentes.

En primer lugar, el amor romántico activó tanto los centros de placer del cerebro como las regiones corticales que gestionan nuestro sentido del yo, como el giro angular, de forma mucho más intensa que la amistad.

El amor materno era bastante similar al amor de compañeros, salvo que activaba la sustancia gris periacueductal (SGPA) subcortical, una zona del cerebro en la que se concentran los receptores de unas hormonas llamadas oxitocina y vasopresina, que son importantes en la creación de vínculos, entre otras funciones. Estos receptores también están asociados con la compasión[11] y, curiosamente, con la supresión del dolor. Esto podría sugerir que, además de la abundante alegría que supone amar a un hijo, hay algo especialmente doloroso en la experiencia que requiere un analgésico natural para que las madres puedan sentirse mejor e incluso absorber el dolor de sus hijos en determinadas situaciones.

Estaba fascinada por los resultados. Ahora estaba claro que el amor desempeñaba un papel más complejo en el cerebro de lo que cualquiera podría imaginar. Pero lo que más me llamó la atención de este mapa neuronal del amor no fue su elaborada forma, sino el hecho de que era compartido por todos. La gente suele pensar que su propia historia de amor es única, pero, a nivel biológico, el amor se apreciaba igual independientemente de quién lo sintiera. Independientemente de dónde hayas nacido, de si eres heterosexual, homosexual, transexual, hombre o mujer, si una persona es significativa para ti iluminará esta red de la misma manera esencial.

La investigación en psicología evolutiva y social sugería que el amor romántico era un elemento cultural universal,[12] algo que existe en todas las sociedades humanas. Y este estudio parecía explicar por qué. El amor no era una consecuencia de la civilización moderna, una construcción social mediada por la cultura, sino un rasgo esencial y universal que forma parte de la naturaleza humana. Ahora que habíamos encontrado el mapa del amor, me preguntaba a dónde nos llevaría. ¿Podríamos utilizar estos datos para ayudar a las personas a encontrar y mantener relaciones saludables? ¿Qué podríamos aprender rastreando el amor hasta sus raíces más profundas?

5
Amor en el espejo

El amor es la herramienta más poderosa del universo.
—HOWARD "H" WHITE

Durante veinte minutos, estuvimos sentados uno al lado del otro en completo silencio. Luego, él se volvió a mí y dijo:

—Si empiezo a roncar, pégame.

En lo que respecta a las frases para ligar, ésta tenía un valor impactante. Me reí. Entonces vi a un profesor cerca de nosotros que estaba desplomado en una silla.

—Él está roncando. ¿Quieres que le pegue también? —los dos nos reímos.

—Soy John, por cierto.

Arqueé las cejas. No nos conocíamos, pero el doctor John Cacioppo no necesitaba presentación, al menos no en una conferencia de neurociencia social. Conocía sus artículos desde la escuela de posgrado. Sin embargo, no tenía ni idea de que fuera tan guapo. Tenía la piel aceitunada, el cabello grisáceo y un cuerpo delgado. Y su grueso bigote tenía el efecto de hacer que su rostro pareciera aún más amable, resaltando una amplia sonrisa.

Era una mañana de enero de 2011, a muy temprana hora. Estábamos en Shanghái, aunque podríamos haber estado en Nueva York o en Milán, ya que los espacios corporativos donde se celebran los congresos científicos siempre tienen el don de hacer que un lugar se sienta como cualquier otro.

Yo acababa de llegar de Ginebra, donde trabajaba como profesora de psicología en la Fundación Nacional Suiza. En pocos años, desde mis primeros avances en Dartmouth, mi trabajo se había convertido en una estrella en el universo en expansión de la neurociencia social. Y en ese entonces la doctora Amor fue invitada a hablar en conferencias por todo el mundo.

Mientras estábamos ahí sentados, con el jet-lag encima, charlando sobre la investigación y tomando té oolong, no tenía ni idea de que esa conferencia iba a cambiar mi vida. Y había estado a punto de perderla. Veinticuatro horas antes, estaba tumbada en la cama de mi apartamento de Ginebra, con 38 grados de temperatura. Llevaba casi una semana con gripe, y en la noche anterior a mi vuelo no daba señales de mejorar. Escribí al organizador de la conferencia, un psicólogo que estudia la empatía (un hecho curioso, ya que su respuesta despectiva a la noticia de mi enfermedad careció por completo de ella).

—Es demasiado tarde para cancelar —dijo—. Los programas ya están impresos.

Nunca había faltado a una charla programada, pero la fiebre seguía subiendo. Estaba demasiado enferma para arrastrarme fuera de la cama, y ni pensar en tomar un vuelo. Cancelé mi boleto, enterré mi cabeza palpitante bajo la almohada y me desmayé.

Por la mañana, me desperté sintiéndome extrañamente... mejor. La fiebre había desaparecido. Comprobé la hora. Todavía podía tomar un vuelo a Zúrich y luego tomar un vuelo nocturno a Shanghái. Llamé a SwissAir; quedaba un asiento en el siguiente vuelo a China. Empaqué algo de ropa y tomé mi computadora, unos zapatos de piel y un saco negro. Luego llamé al taxi.

—Le daré una gran propina si puede llevarme al aeropuerto en veinte minutos —le dije al conductor.

Tardó cuarenta y cinco minutos. Corrí hasta la puerta de embarque y fui la última persona en subir antes de que cerraran. A veces me estremezco cuando pienso en lo que me habría perdido si no hubiera tomado ese vuelo.

Esa mañana, mientras los académicos entraban en la sala de conferencias, John y yo entablamos rápidamente una conversación fácil. Conocía mi trabajo, lo que significaba mucho para mí, ya que fue John quien cofundó el campo de la neurociencia social en la década de 1990. Le interesaba especialmente la investigación que yo realizaba sobre el inconsciente. Hablamos de la significación estadística y de la respuesta a los estímulos positivos, sin dejar de sonreírnos. ¿Será así como coquetean los neurocientíficos?, me pregunté.

El Llanero Solitario

John era una celebridad académica. Había escrito una veintena de libros, sus artículos habían sido citados más de cien mil veces y sus investigaciones habían recibido millones de dólares en subvenciones. Pero no fue su currículum lo que me atrajo, sino sus profundos y empáticos ojos color avellana. Aunque hablaba rápido, sus palabras apenas podían seguir el ritmo de sus pensamientos; era también un gran oyente, y esos ojos me hacían sentir vista, escuchada y comprendida.

John Terrence Cacioppo nació en la pequeña ciudad de Marshall, al este de Texas, el 12 de junio de 1951. Plana, seca y calurosa, su localidad era otro planeta comparándola a mis Alpes natales. Pero, como yo, John tenía raíces italianas. Sus abuelos habían llegado desde Sicilia a principios del siglo xx. El espíritu de inmigrante trabajador de su familia impregnaba todo lo que hacía John. Sus alumnos siempre se asombraban (tanto si salían del trabajo a las ocho de la noche como si entraban a las seis de la mañana) al ver que la luz en la oficina de John seguía encendida. Él solía decirles: "Nunca les pediré que trabajen más que yo". Incluso cuando la fama de John creció, no dejaba de cancelar sus planes para cenar a fin de ayudar a los estudiantes a capturar los resultados de las encuestas, si eso significaba avanzar en un estudio.

John, que de niño era un prodigio de las matemáticas, fue el primer miembro de su familia en ir a la universidad. En Missouri, estudió economía. Pero también tenía talento para el debate. La gente le decía que sería un gran abogado. Por deporte, a veces argumentaba una parte de un asunto y te convencía de que tenía razón, para luego cambiar de bando y argumentar con igual éxito desde la posición contraria. Este ejercicio, solía decir John, "me demostró que no sabía nada". Cuantos más años tenía, menos le interesaba ganar las discusiones y más descubrir la verdad.

Por aquel entonces, John conoció a un psicólogo experimental. John le preguntó por qué la gente hace lo que hace.

—Ni idea —dijo el psicólogo—. Pero ésa es una pregunta empírica. Podemos averiguarlo.

Éste fue el momento "eureka" de John, cuando todo cambió; fue un momento muy cercano al enamoramiento. Solicitó un lugar en el programa de doctorado en psicología en la Universidad Estatal de Ohio. Allí destacó por su intelecto y su actitud inconformista.

El hecho de que John eligiera estudiar psicología *social* y llegara a fundar la neurociencia *social* tuvo mucho que ver con un roce con la muerte que había tenido de joven. Según cuenta la historia, conducía a gran velocidad por una carretera cuando un caballo salió disparado justo delante de su auto. John se desvió y perdió el control del volante. En los momentos previos al accidente, lo que pasó por sus ojos no fueron sus muchos logros en la escuela, sino las personas que amaba. Y se dio cuenta de algo básico que le sirvió de base para el resto de su investigación: las conexiones sociales eran lo que más importaba, lo que daba a la vida su significado más profundo.

John causó un gran revuelo a finales de la década de 1970 con su trabajo sobre la persuasión, es decir, la forma en que las personas cambian de opinión o toman una decisión en respuesta a una nueva información. Con su mejor amigo de entonces, Richard E. Petty, John creó el modelo de probabilidad de elaboración,[1] que resultará familiar a cualquiera que haya estudiado un curso de psicología básica.

Este marco divide nuestra respuesta psicológica a la información persuasiva en dos rutas: *central* y *periférica*. La ruta central implica pensar deliberadamente, sopesar los pros y los contras, y suele dar lugar a un cambio de actitud duradero. La ruta periférica es más emocional, se ve más afectada por los sentimientos viscerales,[2] los factores y prejuicios externos; este tipo de persuasión suele ser menos duradera.

El paradigma se ha utilizado para investigar el cambio de actitud en todos los ámbitos, desde la publicidad y las encuestas políticas hasta la atención de la salud. Y la teoría tiene un gran parecido con las ideas que uno de los amigos de John, el psicólogo Daniel Kahneman, ganador del Premio Nobel, popularizó mucho más tarde en su exitoso libro de 2011, *Thinking, Fast and Slow* (*Pensar rápido, pensar despacio*).[3]

Aunque el mismo John se distinguió primero en el ámbito de la psicología, nunca quiso aislarse en este campo. Le interesaban las matemáticas, la medicina, la tecnología y la física. Y pensó que la psicología podía ser una "disciplina central"[4] que uniera campos dispares en torno a una ambición compartida: entender lo que significa ser humano. Cuando John acuñó el término *neurociencia social* con su colega y querido amigo de la Universidad Estatal de Ohio, Gary Berntson, en 1992, la mayoría de sus colegas de la psicología pensaron que el nombre del nuevo campo era un oxímoron. Un abismo separaba las perspectivas social y biológica de la psicología. John quería construir un puente que lo cruzara. Fue un movimiento visionario. Hoy en día, la *neuro-* se hibrida con casi todas las materias de la academia, y la neurociencia social es un campo floreciente.

John amaba la Universidad Estatal de Ohio y, después de doctorarse allí, se convirtió en un pilar de su departamento de psicología. También amaba el futbol. Le gustaba decir que ésa era la razón por la que, en 1999, dejó Columbus por la Universidad de Chicago, que carecía de un equipo de futbol y contrató a John para dirigir su departamento de psicología social y crear el Centro de Neurociencia Cognitiva y Social.

Fue en la Universidad de Chicago donde comenzó el trabajo que ha salvado vidas y que quizá le dio más fama: el estudio de los peligros de la soledad. En un artículo tras otro, John demostró que la soledad es una condición peligrosa, contagiosa, hereditaria y tan mortal como fumar un paquete de cigarrillos al día. Más que nadie en el planeta, John sabía lo importante que eran las conexiones sociales para la salud física y mental de todos. Sin embargo, por desgracia para él, este conocimiento no se había concretado en una vida amorosa feliz: se había casado y divorciado dos veces. Solía decir que era un buen compañero en vacaciones. Pero en cuanto volvía a casa, cuando se reanudaba la vida normal, se reencontraba con su verdadero amor: el trabajo. Y sus relaciones humanas siempre lo resentían.

El Glamour

Fue un largo día en Shanghái: charlas, carteles, preguntas y respuestas, relacionarse, tomar notas, beber pequeñas botellas de agua de las mesas del banquete. Yo dicté mi conferencia sobre el poder del amor para expandir la mente. John habló sobre el peligro de la soledad para entorpecer la mente. Pensé en felicitarlo después, pero estaba rodeado de admiradores.

Lo vi esa noche, en una recepción en un bar lounge, el Glamour, en la antigua Concesión Francesa. Las luminarias fluorescentes del centro de conferencias fueron reemplazadas por relajantes luces LED y linternas. Subí una escalera de peldaños iluminados y entré en una sala lounge, enmarcada por grandes ventanales que ofrecían una vista al horizonte de la ciudad y al río Huangpu. El lugar estaba abarrotado, era ruidoso, pero había algunos rincones tranquilos a los que te podías ir para tener una larga y amena conversación.

John estaba sentado en la barra del bar, charlando con los anfitriones de la conferencia. En algún momento se aburrió y me encontró. Bostezó teatralmente, recordando el momento en que nos conocimos.

—Sabes qué hacer si me quedo dormido, ¿verdad?

Los dos nos reímos. Seguimos hablando de muchas cosas esa noche. Y mientras hablábamos, sentí que el espacio que nos separaba se estrechaba, se colapsaba. Mi acento francés, tan pesado como el *fondue*, que había confundido a muchos, a él no le causaba ningún problema. Me entendía muy bien. Decíamos: "¡Yo también!" y "Estoy de acuerdo" tan frecuentemente que llegó a ser vergonzoso. Cuando las personas tienen conversaciones fluidas y armoniosas como éstas mientras están conectadas a una máquina de electroencefalograma y sentadas una al lado de la otra, sus ondas cerebrales se sincronizan realmente,[5] un fenómeno que los neurocientíficos denominan *sincronización cerebral*.

En algún momento, John me preguntó si estaba soltera. Me sonrojé.

—Estoy casada con mi trabajo —le dije, utilizando una frase bastante gastada.

—Yo también —entonces John me habló de sus problemas sentimentales, de sus divorcios, de cuánto dolor sentía haber causado a quienes lo amaban, pese a sus esfuerzos. Afirmó que se encontraba mejor así—. No me siento solo —aseguró—, estoy conmigo mismo.

John dijo que su dedicación al trabajo significaba que no siempre podía dar a una persona importante la atención y el tiempo que merecía o necesitaba. Y no quería arriesgarse a herir a alguien que le importaba. Tampoco quería el inevitable conflicto que puede surgir cuando un compañero te dice que trabajes menos, o que vas a terminar exhausto, o que deberías dejarlo por una noche. Me identifiqué con él. Nuestras historias eran diferentes, pero nuestros caminos nos habían conducido a este mismo lugar: valorábamos la soledad y la libertad personal.

Mirando hacia atrás, me resulta increíble que ninguno de los dos se diera cuenta de la ironía de nuestra situación, de que John y yo, es decir, el "doctor Soledad" y la "doctora Amor", no estábamos practicando lo que predicábamos. Nuestras investigaciones, desde extremos opuestos del espectro, enfatizaban la necesidad humana de conexión social. Y, sin embargo, ambos teníamos la arrogancia de pensar que podíamos estar solos. ¿Somos como los médicos que fuman, tal vez pensando, de forma irracional, que porque entendemos una enfermedad ésta no podrá hacernos ningún daño?

A medida que nuestra conversación avanzaba, los colegas que nos rodeaban empezaron a desvanecerse, uno a uno, retirándose por la noche. Giramos en los taburetes el uno hacia el otro, nos inclinamos hacia delante, signos reveladores de atracción.

Si hubiera reflexionado, me habría dado cuenta de que, neurológica y biológicamente, ya me estaba enamorando de él. Mientras conectábamos, la dopamina inundaba los circuitos de recompensa de mi cerebro, creando una sensación de euforia. Mi ritmo cardiaco se había elevado. La adrenalina expandía los vasos capilares de mis mejillas, haciendo que me viera sonrojada. Mis niveles de norepinefrina se habían disparado, lo que me permitía concentrarme intensamente en nuestra conversación con una energía nerviosa, de esa que hace que el tiempo parezca detenerse.

—Vaya, ya es medianoche —dijo John—. Llevábamos tres horas

hablando. Yo tenía un vuelo temprano por la mañana. Nos reunimos con los pocos profesores que quedaban en la sala y salimos juntos del bar tambaleándonos—. Después de ti —dijo John, abriendo la puerta. Mientras caminábamos en la oscura calle, miré hacia el cielo, como suelo hacer. La luna brillaba con intensidad, directamente sobre nuestras cabezas como un faro. Había que inclinar el cuello 90 grados sólo para verla. En todas mis noches de observación de las estrellas, nunca había visto una luna como ésta. John tomó una fotografía con su iPhone. Luego nos dimos las buenas noches y nos retiramos a nuestras respectivas habitaciones de hotel.

Humo y neuronas espejo

¿Por qué hicimos clic? Tomando cierta distancia puedo especular sobre las razones. Gran parte tuvo que ver con lo mucho que teníamos en común. Resulta que la similitud, la búsqueda de puntos en común, es un fuerte predictor de la atracción mutua. Los estudios demuestran que cuando las personas juegan a un simple "juego de espejo" (en el que imitan los movimientos del otro)[6] encuentran a la otra persona más atractiva en un grado sorprendente.

Ciertamente, John y yo teníamos muchas cosas en común: los dos estábamos enamorados de nuestro trabajo; los dos éramos madrugadores, nos levantábamos antes del amanecer para empezar la jornada laboral; compartíamos una herencia italiana, un espíritu igualitario, un sentido del humor infantil, y tantas cosas más. Pero estos puntos en común no explican del todo nuestra conexión. Acababa de conocer a John, pero no se sentía como un extraño con quien tenía intereses compartidos, sino más bien como un familiar perdido hace tiempo. Sentí que reconocía algo de mí misma en él. Podíamos terminar las frases del otro y completar sus pensamientos.

Desde una perspectiva biológica, tenía sentido: cuando nos volvemos *significativos* para otra persona, cuando compartimos una identidad a un nivel profundo, podemos aprovechar el poder del *sistema de neuronas espejo* del cerebro (SNE) para anticipar sus acciones e incluso sus intenciones.

Como recordarás del primer capítulo, las neuronas son los bloques de construcción básicos del cerebro. Sin embargo, un subconjunto de estas neuronas (en nuestro sistema motor y en las regiones responsables del lenguaje y el pensamiento autobiográfico) se disparan cuando tu actúas y cuando eres testigo de la misma acción realizada por alguien más. Piensa en esas ocasiones en que te emocionas al ver a otras personas practicar un deporte que tú disfrutas, o que comienzas a reírte al ver a alguien reírse a carcajadas, aunque no hayas escuchado el chiste. Las neuronas implicadas en esas actividades se disparan aunque sólo las experimentes de forma indirecta. La mayoría de la gente piensa que "ponerse en los zapatos de otra persona" implica un lento proceso de cognición, pero la base de esa respuesta empática ocurre instantáneamente a nivel celular en el cerebro.

Las neuronas espejo fueron descubiertas por casualidad en Italia,[7] en la Universidad de Parma, a principios de la década de 1990. Los investigadores, dirigidos por el mundialmente conocido neurofisiólogo Giacomo Rizzolatti, estaban investigando la corteza premotora, una región del cerebro que ayuda a controlar la acción y la intención de nuestro sistema motor. Habían insertado quirúrgicamente microelectrodos de neuronas individuales en la corteza premotora de un macaco y estaban monitoreando la actividad eléctrica... *in vivo*. Cada vez que el mono se movía para agarrar un objeto, su máquina emitía un pitido.

Un día, el equipo de investigadores de Rizzolatti estaba alimentando al mono con cacahuates (un método ampliamente aceptado en los estudios con animales). De repente, se dieron cuenta de que cada vez que un investigador tomaba un cacahuate para dárselo al mono, las neuronas del cerebro de éste se activaban. El mono permanecía inmóvil, pero la máquina emitía un pitido como si el mono se estuviera moviendo para tomar el cacahuate. Lo mismo ocurrió cuando el investigador se llevó el cacahuate a su boca. Las neuronas del mono *reflejaban* la acción que estaba observando; en este caso, la acción de alimentarse.

Curiosamente, estas neuronas no sólo reflejaban las acciones de los demás, sino que parecían "sentir" y "entender" la intención y la motivación que había detrás de la acción. Por ejemplo, cuando el investigador acercó el cacahuate a un lugar *cercano* a su boca, las neuronas espejo no respondieron. Sólo cuando tenía la intención de comerse el cacahuate, las neuronas espejo se excitaban y se disparaban en el cerebro. Posteriormente, el profesor Rizzolatti y su equipo realizaron una serie de experimentos rigurosos que confirmaron y ampliaron este hallazgo fortuito. Con el tiempo, tuve la extraordinaria oportunidad no sólo de colaborar con Rizzolatti en la investigación sobre las neuronas espejo en sujetos humanos, sino también de conectar al científico pionero a una máquina de electroencefalograma y ser testigo de su propio cerebro en acción.

Fue en 2007, durante un capítulo inicial de mi carrera, cuando me pidieron que dirigiera un laboratorio de electroencefalografía, bajo el distinguido neurólogo y neurocientífico doctor Scott Grafton. Rizzolatti vino a visitar nuestro laboratorio, que se había trasladado recientemente de Dartmouth College a la Universidad de California en Santa Bárbara. Después de ajustar 128 pequeños electrodos en forma de esponja en la parte superior de la cabeza del gran científico, registramos la actividad eléctrica del cerebro de Rizzolatti mientras él observaba en la pantalla de una computadora imágenes de personas agarrando objetos sencillos (desde una taza de café hasta un vaso de agua) o moviéndose con diferentes intenciones (levantando el brazo para beber o no).

Nuestros resultados fueron sorprendentes. Por primera vez descubrimos que el sistema de neuronas espejo humano[8] podía entender las intenciones de otras personas de forma subconsciente, en un abrir y cerrar de ojos. Ampliamos los efectos que Rizzolatti había encontrado en primates no humanos a estudios de EEG en humanos. Entonces, replicamos nuestros resultados con un grupo más grande de sujetos humanos en una serie de experimentos y publicamos nuestros hallazgos en revistas revisadas por pares.

El descubrimiento de las neuronas espejo por parte de Rizzolatti desencadenó una oleada de investigación científica en todo el mundo. Se decía que las neuronas espejo estaban implicadas en todo, desde el lenguaje hasta el autismo. Y me pregunté si también formaban parte de lo que permitía a las parejas enamoradas entenderse tan profundamente y anticiparse a las acciones del otro. Para responder a esta pregunta, me dirigí, quizá de forma contraria a la intuición, no a las parejas enamoradas, sino a los contrincantes en una cancha de tenis.

La cancha de tenis me ofrecía un escenario experimental mucho más fácil de controlar que el imprevisible escenario en el que se desarrolla la mayoría de los romances humanos. Pero al igual que una buena pareja en una relación, un buen tenista debe ser capaz de leer a su adversario. Como saben los aficionados a este deporte, un saque de un profesional como Serena Williams, Naomi Osaka o Roger Federer puede alcanzar más de 225 kilómetros por hora. A esa velocidad, la pelota tarda menos de cuatro décimas de segundo en llegar a la raqueta del adversario. ¿Cómo se preparan los jugadores de élite para devolver una pelota que les llega tan rápido, como lo hacen cientos de veces durante un partido?

¿Es sólo el reconocimiento de patrones, el resultado de miles de horas en la cancha, lo que les permite saber que una determinada rotación de la cadera o un movimiento de muñeca hace que la pelota vaya aquí o allá? ¿O hay algo más que ayuda a estos deportistas a ponerse en la piel de su rival en el momento crítico? En el Abierto de Estados Unidos de 2013, John McEnroe dijo: "Si hay algo que no quieres ser en una cancha de tenis es ser predecible". Sin embargo, los jugadores profesionales (para ser competitivos) deben predecir las acciones de sus oponentes miles de veces durante un partido. ¿Qué poder especial les permite hacerlo?

Para averiguarlo, invité a jugadores de tenis experimentados a la máquina de RMF[9] y les mostré videos de saques de tenis que se cortaban en el momento en que un jugador hacía contacto con la pelota. No me sorprendió que los participantes fueran capaces de adivinar dónde caería la pelota con una precisión impresionante. Lo que sí me sorprendió fue que al ver estos saques, incluso sólo en video, se activara el sistema de neuronas espejo, como si los participantes estuvieran realizando ellos mismos el saque.

A continuación, mostré al mismo grupo de jugadores de élite otra serie de videos. Al igual que la primera serie, la segunda mostraba a un jugador de tenis haciendo el saque. Pero había una diferencia importante. La persona que sacaba en el video no sabía hacia dónde iba a dirigir su tiro hasta después de haber lanzado la pelota. Una vez que la pelota estaba en el aire, un asistente de investigación que se encontraba cerca le gritaba que golpeara el saque por el centro de la cancha o que apuntara a la esquina más lejana.

Esto significaba que el lenguaje corporal no podía enviar ninguna señal significativa sobre dónde pretendía que cayera la pelota. Era como el investigador del laboratorio del profesor Rizzolatti que tenía un cacahuate en la mano sin intención de comérselo. Y, en este caso, el SNE permanecía oscuro. Lo que esto significaba era que las neuronas espejo se disparaban sólo cuando el espectador percibía *intención* en las acciones de otro.

El SNE parecía ser el mecanismo subconsciente por el cual estos jugadores de élite podían predecir dónde caería la pelota, pero era un mecanismo frágil. Si estos participantes pensaban en exceso, deliberaban o intentaban racionalizar su juicio reflexivo inicial, su suposición no era tan certera.

Así que, para que un jugador de tenis gane un partido, tiene que confiar en su hardware, en su biología, en su intuición, en el hecho de que está *conectado* para entender a su oponente. Sospeché entonces que lo mismo ocurría con las parejas felices en el amor y que los problemas en las relaciones eran el resultado de que interferíamos con nuestra capacidad natural de leer la mente del otro y conectar.

Una nueva conexión

Unos días después de la convención científica de China, estaba de vuelta en mi laboratorio de Ginebra: era una tarde gélida de enero, la nieve cubría las copas de los platanares alrededor del lago. Las vacaciones de invierno acababan de pasar, los estudiantes estaban ausentes o volvían lentamente al campus, y mi investigación parecía estar en hibernación. Esperaba los correos electrónicos, las respuestas a las solicitudes de subvención. Era 2011, un nuevo año que se parecía mucho al anterior. Tenía 36 años, a punto de cumplir 37. Sentí un escalofrío.

Inicié un nuevo correo electrónico. Quería escribirle a John. Pero ¿cómo debía dirigirme a él? "Querido profesor Cacioppo." *No, demasiado formal.* "Qué hay, socio." *Demasiado coqueto.* "¿Te acuerdas de mí?" *Demasiado desesperado.*

Suspiré y simplemente escribí: "Hola, John". Y luego, fluyeron las palabras: "Esto puede sonar extraño, pero ¿recuerdas la fotografía que tomaste la última noche en Shanghái? He estado pensando en esa noche. Me encantaría tener una copia de la foto, si todavía la tienes...".

Tres puntos suspensivos valen más que mil palabras.

Empezaba a darme cuenta de que nuestro encuentro en Shanghái había significado algo para mí, y me preguntaba si también para él. Tal vez era el tipo de persona que conectaba con mucha gente; tal vez la química que yo sentía, tan rara para mí, era común para él, y yo ya me había evaporado entre la multitud de rostros universitarios.

Una hora más tarde, me contestó con la fotografía y una pequeña posdata en la que me contaba que se estaba preparando para dar una conferencia en Chicago antes de la representación de una obra de Sófocles, y estaba intentando averiguar cómo relacionarla con la neurociencia. Yo conocía la obra y le escribí un par de líneas para que las utilizara.

Me contestó rápidamente: "No sólo eres hermosa, también eres inteligente". Bien, ahora estábamos coqueteando. La cadena de correos electrónicos creció, y pronto estuvimos hablando a todas horas, por teléfono, por Skype. Era casi como si aquella conversación en Shanghái no hubiera terminado nunca. Hablábamos de los objetivos que compartíamos en la vida, de cómo nos gustaba pasar un día típico, de los últimos avances en investigación o de los artículos de revistas que debíamos leer.

Como había literalmente un océano entre nosotros, la perspectiva de una segunda cita era complicada. Pero siempre había otra conferencia académica a la vuelta de la esquina. La siguiente era en Utrecht, en los Países Bajos. Tomé un avión y estuve allí durante una semana. Hicimos una excursión a Ámsterdam, dimos largos paseos por los canales y, de camino al museo de arte, nuestras manos se tocaron por accidente en un taxi. A partir de ese momento, rara vez dejamos de tomarnos de la mano.

Después de la siguiente conferencia, en Chile, tomamos una avioneta hasta Ushuaia, en la Patagonia, la ciudad más meridional del mundo, y bromeamos sobre cómo nos seguíamos el uno al otro hasta el fin del mundo. No les contamos a nuestros colegas nuestro incipiente romance; por el momento, era algo nuestro. Nos escabullimos del centro de conferencias para asistir a cenas románticas. Por la mañana, nos entretuvimos en la sala de espera del aeropuerto, temiendo el anuncio de embarque, que llegó demasiado pronto.

Negociar una relación a distancia[10] entre dos neurocientíficos que estudiaban las relaciones de pareja era un curioso vaivén. Comprendíamos la intención, el subtexto subyacente a cada paso que dábamos como pareja en ciernes, el efecto que cada acción tenía en nosotros biológica y psicológicamente. Sabíamos que cuando establecíamos contacto visual estábamos activando nuestro sistema de neuronas espejo; que cuando nos acariciábamos estábamos liberando oxitocina; que cuando comparábamos todos los aspectos en los que nos parecíamos estábamos midiendo la superposición entre nosotros mismos y el otro, o el grado en que una pareja se siente como si fuera una sola unidad, un importante indicador de la salud de una relación. Sin embargo, nada de esto empañó la emoción que sentíamos cada vez que nos encontrábamos. Tampoco nos hacía sentirnos especialmente cohibidos o incómodos.

Unos meses después llamé a mi madre para contarle de John. Ella había esperado tanto tiempo para que yo encontrara a alguien, y yo había pasado tanto tiempo evitando esa posibilidad. Pensaba que había elegido una vida sin amor porque quería dedicarme a la ciencia. Pero en cuanto conocí a John, me di cuenta de que no sólo tenía capacidad, sino *necesidad* de amor... esa misma necesidad que había identificado en mis sujetos de investigación, pero nunca en mí. En cuanto mi madre respondió el teléfono, la verdad brotó como agua. Me percaté de que había retrasado la búsqueda de una relación porque, en algún nivel, pensaba que tendría que cambiar para encajar con otra persona.

—*Maman* —dije, con la voz quebrada—, creo que por fin he encontrado a alguien que me ama exactamente como soy.

6
Cuando el cerebro se desliza a la derecha

Amamos con un amor que era más que amor.
—Edgar Allan Poe

Me enamoré de la mente de John. Sin embargo, no podía negar que lo encontraba físicamente atractivo: sus ojos agudos, su amplia sonrisa, su forma de moverse, el hecho de que estuviera en buena forma. Y eso me hace preguntarme: si John fuera exactamente igual por dentro, pero menos atractivo para mí por fuera, ¿habríamos congeniado? Cuando estoy en un estado de ánimo poético, respondo que sí, que por supuesto... Como dijo una vez E. E. Cummings: "Sólo por amor aunque las estrellas caminen hacia atrás". Pero cuando estoy en un estado de ánimo científico, siento curiosidad por el papel preciso que desempeña la atracción física en la formación de relaciones románticas duraderas. ¿Es posible tener el tipo de conexión apasionada que enciende la red del amor cuando hay ausencia o déficit de atracción física en una pareja? ¿Puede existir el amor sin deseo?

Poetas, compositores y filósofos han planteado versiones de estas preguntas desde el principio de los tiempos, pero las respuestas claras se les han escapado. Gran parte de la confusión se debe a la forma en que definimos el amor. Si alguna vez te has sentido intensa y apasionadamente enamorado de alguien a quien encuentras intelectual y físicamente irresistible, sabes que no puedes desentrañar fácilmente tus sentimientos. En cambio, si alguna vez has tenido un enamoramiento de amigo, sabes que puedes "enamorarte" de alguien sin querer acostarte con él. Puedes desarrollar un enamoramiento intelectual, pensar en una persona obsesivamente, sentir una sacudida de excitación cuando te envía un mensaje y, aun así, la idea de la intimidad física ni siquiera pasa por tu cabeza. Esto describe perfectamente al un por ciento de la población que, de acuerdo con estudios recientes, es asexual.[1] En la década de 1960, la psicóloga Dorothy Tennov encuestó a 500 individuos sobre sus preferencias románticas.[2] Aproximadamente 53 por ciento de las mujeres y 79 por ciento de los hombres estaban de acuerdo con la afirmación de que se habían sentido atraídos por personas sin sentir "el más mínimo rastro de amor"; y la mayoría de las mujeres (61 por ciento) y una considerable minoría de los hombres (35 por ciento) estaban de acuerdo con la afirmación de que podían estar enamorados sin sentir ningún deseo físico.

Para nuestra sensibilidad moderna, estas cifras pueden parecer sorprendentes. Hoy en día apenas necesitamos mirar las pruebas para saber que la lujuria puede existir sin amor. Pero ¿qué hay de la posibilidad de un amor romántico sin lujuria? ¿Puede el amor ser verdaderamente platónico?

Esto puede sonar descabellado, pero cuando en 2009 la Asociación Estadunidense de Personas Retiradas (AARP, por sus siglas en inglés), encuestó a una muestra representativa de más de dos mil adultos estadunidenses sobre sus actitudes en torno al amor y las relaciones,[3] descubrió que 76 por ciento de los encuestados de 18 años o más estaban de acuerdo con la afirmación de que el verdadero amor puede existir en ausencia de una conexión física "activa". Ochenta por ciento de las mujeres estaban de acuerdo con esta afirmación frente a 71 por ciento de los hombres. Y la historia ofrece muchos estudios interesantes que demuestran que este tipo de conexión es posible.

Por ejemplo, Virginia y Leonard Woolf eran amantes en todos los aspectos, excepto en el físico. Para Virginia, la felicidad romántica significaba "todo: amor, hijos, aventura, intimidad, trabajo". Leonard podía darle la mayoría de estas cosas. Era un compañero devoto, un amigo, un colaborador, un guía y una fuente de apoyo durante las crisis artísticas y emocionales. Pero no era un compañero sexual; Virginia prefería a las mujeres. Y en una carta que data de su periodo de noviazgo, ella confesó sus sentimientos. "Paso de estar medio enamorada de ti, y de querer que estés siempre conmigo, y que lo sepas todo de mí, al extremo del desenfreno y el distanciamiento. A veces pienso que si me casara contigo podría tenerlo todo, y entonces... ¿es la parte sexual la que se interpone entre nosotros? Como te dije brutalmente el otro día, no siento ninguna atracción física por ti".[4]

Se casaron de cualquier manera, y durante tres décadas Leonard apoyó a su esposa en todo. Cuando Virginia se quitó la vida, a los 59 años, le dejó una nota en la que escribía: "Me has dado la mayor felicidad posible... no creo que dos personas pudieran ser más felices de lo que nosotros fuimos".[5] ¿Qué es esto, sino amor romántico? Y, sin embargo... ¿quién podría negar también que a Woolf le faltaba algo que, para la mayoría de las parejas, es un ingrediente necesario para una relación duradera y satisfactoria?

Esto nos lleva de nuevo a la cuestión de las definiciones. Si se define el amor romántico como una afección y un apego profundos, es posible, por supuesto, amar a una persona sin desearla físicamente. Pero, si se define el amor basándose en su singular esquema neurobiológico, está claro que el deseo no es una característica incidental de una relación amorosa, sino un ingrediente esencial. Este deseo, como descubriremos, no tiene que ser *necesariamente* sexual, pero sí físico. Con esto quiero decir que debe implicar no sólo la mente, sino también el cuerpo.

Hacer el amor

Cuando se combinan el deseo y el amor, se pasa de tener una experiencia física a *hacer el amor*. Pensamos en lo primero como algo más relacionado con el cuerpo, más individualista, más relacionado con la satisfacción de los propios deseos y necesidades biológicas, más relacionado con el ahora que con el futuro. Pensamos en lo segundo como algo menos relacionado con el cuerpo que con la mente o el corazón y el alma, menos con el individuo y más con la relación, menos con el *yo* que con el *nosotros*. Cuando una pareja hace el amor, se fusiona intencionadamente, comunicando mental y físicamente aquello para lo que no encuentra palabras, compartiendo y resolviendo las diferencias, encarnando la armonía, la fluidez y la conectividad que las parejas suelen buscar.

Sin embargo, a nivel neurobiológico, cuanto más se observa la línea divisoria entre el amor y el deseo, más borrosa se vuelve. Piensa en una persona que te resulte muy atractiva físicamente. Por mucho que creas que tus sentimientos son meramente físicos, con cada toque y beso (real o imaginario) tu cerebro está complicando las cosas. El placer que experimentas es el resultado de los mismos neuroquímicos, desde la dopamina hasta la oxitocina, que inundan tu cuerpo cuando estás enamorado. Ésta es una de las razones por las que las personas pueden llegar a encariñarse con quienes antes consideraban sólo un "amigo con derechos".

La intimidad física no sólo nos ayuda a establecer una conexión emocional con nuestra pareja. También nos hace sentir la importancia del cuerpo físico, nos hace comprender lo que Joseph Campbell llamaba "el éxtasis de estar vivo"[6] que, según él, es lo que la mayoría de nosotros busca en la vida en realidad. El objetivo, decía, era que "las experiencias vitales en el plano puramente físico tuvieran resonancias con nuestro propio ser y realidad más íntimos".

Experimentamos y reaccionamos al deseo incluso antes de ser

conscientes de lo que está ocurriendo. Supongamos que vas a dar un paseo por el parque en un día soleado y te tomas de la mano con tu pareja. De repente, una bella corredora se cruza en tu camino y los ojos de tu pareja se ven atraídos como un imán por el cuerpo de la corredora. En muchos casos, él ni siquiera se da cuenta de que está mirando hasta que se lo haces saber, normalmente con una mirada molesta.

—¡¿Qué?! —pregunta él, sin comprender.

Pocas veces nos damos cuenta de hasta qué punto nuestra mirada, nuestra atención, está dirigida automática e inconscientemente por la naturaleza de nuestro interés en alguien. Gracias a los estudios de seguimiento ocular,[7] que permiten identificar exactamente hacia dónde mira un participante, mi equipo de investigación y yo hemos descubierto que cuando se muestra a hombres y mujeres una fotografía de alguien que les resulta físicamente atractivo, su mirada se posa de manera instintiva en el cuerpo de esa persona (incluso aunque esté vestida). Pero cuando miran a alguien de quien luego dicen que podrían imaginarse enamorados, su mirada cae directamente en el rostro. Y cuanto más fuerte es la conexión potencial, más probable es que se centren en los ojos. Sabíamos por investigaciones anteriores que el contacto visual es uno de los marcadores más fiables del amor entre parejas, pero este estudio demostró que las personas se fijan visualmente más en la cara de una persona (en relación con su cuerpo) cuando piensan en amor.

¿Quizá sea éste un componente de lo que la gente llama "amor a primera vista"? El hecho de que nuestros ojos se sientan atraídos por la cara de alguien, del mismo modo que me sentí atraída por la de John cuando lo conocí en Shanghái, nos indica que esa persona puede ser alguien especial. La importancia del contacto visual en las relaciones amorosas se reforzó indirectamente en 2020 cuando un equipo de investigadores de la Facultad de Medicina de Yale demostró que el contacto directo ojo a ojo en tiempo real despierta la actividad en una zona cerebral central[8] de la red del amor: el giro angular. En este estudio, treinta adultos sanos (quince parejas) se sentaron a la mesa, uno frente al otro. Se le pidió a cada pareja que mirara a su compañero durante un total de noventa segundos (alternando cada quince segundos entre la mirada directa y el descanso). En general, estos resultados sugieren que la mirada recíproca entre parejas aumenta la actividad de los circuitos neuronales que desempeñan un papel clave en el amor.

Desenredar el amor y la lujuria

En 1969, dos valientes psicólogas sociales, Ellen Berscheid, de la Universidad de Wisconsin, y Elaine Hatfield, de la Universidad de Hawái, abrieron el camino para estudiar los misterios del amor y la lujuria con un libro histórico,[9] *Interpersonal Attraction* [*Atracción interpersonal*]. En las décadas siguientes, llevaron a cabo una rigurosa investigación descriptiva y experimental que sentó las bases de lo que hoy sabemos sobre la psicología de las relaciones interpersonales[10] y su evolución cultural en todo el mundo.[11] En su opinión, el amor y la lujuria pueden experimentarse por separado o en conjunto.[12] La atracción física, explican, suele estar más asociada a la experiencia *de estar enamorado*[13] que a la de *amar*.

Otra autoridad importante en la ciencia de la lujuria y el amor es la antropóloga-biológica de Rutgers y autora de autoayuda Helen Fisher. Su riguroso trabajo a partir de datos de encuestas y estudios de resonancia magnética funcional condujo a una teoría innovadora,[14] según la cual el amor y la lujuria pueden considerarse fenómenos distintos que involucran sistemas cerebrales diferentes.

En el primero, el "impulso sexual" incide en las regiones primitivas del cerebro y motiva a las personas a desear y buscar una serie de parejas. El segundo concentra nuestra energía de apareamiento en una sola persona a la vez, y da lugar a un estado de infatuación que el cuerpo y el cerebro sienten de forma muy parecida a la experiencia de tomar una droga. Y el tercer sistema, el apego, crea una "profunda sensación de calma y compromiso hacia otra persona", que permite a las personas "tolerar" a largo plazo; similar al tipo de vínculo que se desarrolla con un mejor amigo, un compañero o un colega.

Cuando John y yo nos cruzamos por casualidad con Helen Fisher hace unos años en una reunión científica, nos alegramos de conocernos, dado nuestro interés común por la investigación en la ciencia del amor. Aunque tenemos diferentes formaciones y antecedentes, ella y yo coincidimos en que estos sistemas cerebrales pueden funcionar a menudo de forma muy complicada, especialmente cuando se trata de amor apasionado.

Una línea de investigación neurocientífica sugiere que el amor apasionado y la lujuria podrían depender de una única red cerebral interdependiente y unificada. Y esta red no sólo aprovecha los impulsos o deseos de apareamiento básicos, que tienen todos los primates, sino también la compleja energía cognitiva de áreas del cerebro que son exclusivamente humanas. Una mirada más profunda al interior del cerebro revela que el amor apasionado y la lujuria, aunque se ven como fuerzas opuestas o rivales, en realidad pueden trabajar juntas. Existen en un continuo, y entender cómo y cuándo se relacionan puede ayudarnos a ser mejores compañeros.

Juntos pueden hacer más profunda nuestra sensación de conexión con nuestra pareja. Cuando escaneé los cerebros de veintinueve mujeres jóvenes que habían obtenido una puntuación alta en una escala de amor apasionado y luego les hice una serie de preguntas, descubrí que cuanto más decían sentirse emocionalmente cercanas a su pareja, más decían estar satisfechas con su relación física. Estas mujeres también mostraban la mayor activación en una región del cerebro llamada ínsula.

La ínsula fue alguna vez conocida con el evocador nombre de "Isla de Reil", por Johann Christian Reil, el anatomista alemán que la describió hace doscientos años. Situada en lo más profundo de la corteza cerebral, en una fisura donde el lóbulo frontal se separa del lóbulo temporal, la ínsula desempeña un papel clave en la conciencia de sí mismo[15] y responde a una serie de estímulos diferentes: el dolor, la adicción, la música, el placer que nos produce la comida. Es esta parte del cerebro la que nos ayuda a entender lo que nos apetece, ya sea un sándwich, una malteada o un masaje.

Los neurocientíficos tienen la teoría de que la ínsula se activa ante tal variedad de experiencias porque una de sus funciones importantes (además de la regulación del sistema inmunitario y la homeostasis) es ayudarnos a dar sentido y asignar valor a las experiencias corporales. Sin embargo, cuando revisé toda la literatura existente y realicé un análisis estadístico en profundidad, basándome en veinte estudios y cuatrocientos veintinueve participantes, descubrí que el deseo no iluminaba toda la ínsula,[16] sino una parte específica aislada ubicada en la parte posterior de esta región del cerebro: la ínsula posterior. Los sentimientos de amor, por su parte, activaban la ínsula anterior, es decir, la parte delantera. ¡El asunto se estaba complicando!

Este patrón coincidía con una tendencia más amplia en la forma en que nuestros cerebros están organizados: las regiones posteriores tienden a estar implicadas en las sensaciones, sentimientos y respuestas actuales y concretas, mientras que las regiones anteriores están más involucradas en los pensamientos relativamente abstractos o en la conciencia introvertida, es decir, en lo que *pensamos* sobre lo que *sentimos*.

Otros estudios de imagen revelaron otra región que tenía una respuesta similar al amor y al deseo: el cuerpo estriado, un área subcortical que participa en el procesamiento de las experiencias gratificantes. La parte ventral o inferior del cuerpo estriado[17] (que responde a actividades inherentemente placenteras, como el tacto sensual y la comida) se activó intensamente con el deseo. Pero la parte dorsal del cuerpo estriado (que evalúa el *valor de la recompensa esperada* de esas experiencias) se activó más con el amor.

Un artículo científico tras otro, descubrimos que el amor y el deseo activaban partes complementarias de las mismas regiones cerebrales,[18] reforzando la idea de que no son necesariamente fuerzas opuestas, sino que tienen el potencial de crecer a partir del otro. El amor era esencialmente la representación abstracta de las sensaciones gratificantes y viscerales que caracterizan al deseo. Era como si el deseo fuera una uva machacada y el amor, el elixir elaborado a partir de ella con tiempo y cuidado.

Se necesitan dos para bailar el tango

Uno de los métodos que utilizan los neurocientíficos para poner a prueba sus teorías es buscar personas que presenten daños (a causa de una enfermedad, un derrame cerebral o un accidente) en las regiones específicas del cerebro que están investigando. Estos estudios de casos neurológicos, a menudo basados en una sola persona, ofrecen una rara oportunidad de abordar la causalidad (en lugar de la correlación) entre una función cerebral y un comportamiento.

Desde los inicios de mi carrera, he recurrido a los estudios de caso para hacer avances en mi investigación. Y en 2013, para entender mejor el papel de la ínsula en el amor, recurrí a mis conexiones en el mundo de la neurología para encontrar un paciente que tuviera una lesión cerebral en la ínsula. Me puse en contacto con los doctores Facundo Manes y Blas Couto, del Instituto de Neurología Cognitiva de Buenos Aires, que tenían un paciente que podría ayudarme a desvelar el misterio.

Llamemos al paciente RX. Se trataba de un hombre heterosexual de 48 años que, a excepción de un ligero derrame cerebral reciente, gozaba de buena salud. El derrame había dejado una lesión limitada en la ínsula anterior.[19] Si nuestro metaanálisis previo de los estudios de RMF sobre el amor era correcto, el daño a la ínsula anterior debería, en teoría, haber obstaculizado la capacidad de RX para formar y mantener conexiones amorosas de alguna manera.

RX había acudido a su neurólogo con los típicos síntomas de un derrame cerebral, pero afortunadamente la mayoría de ellos (dolor de cabeza, parálisis facial, dificultades para hablar) fueron sólo temporales. Cuando nuestro equipo lo conoció, no estaba deprimido ni terriblemente ansioso. Su inteligencia general no se había visto afectada por el derrame y, además, su inteligencia social parecía estar totalmente preservada. Las pruebas demostraron que podía reconocer fácilmente las emociones básicas y sentir empatía por el dolor de otra persona.

Diseñamos un experimento especial para determinar si el derrame cerebral había causado algún déficit subconsciente en la capacidad de amar de RX. También reclutamos un grupo de control de siete hombres sanos que eran similares a RX en edad y otras características demográficas.

A continuación, mostramos a RX y a los miembros del grupo de control una serie de fotografías de mujeres bien vestidas, como las que se ven en el perfil de una aplicación de citas. Para cada fotografía, los sujetos hicieron una elección: ¿sólo encontraban atractiva a la mujer o también podían imaginar que se enamoraban de ella?

RX no se diferenció del grupo de control en cuanto al número de mujeres de las que podía imaginarse enamorado. Pero, curiosamente, RX tardaba mucho más que el grupo de control en tomar estas decisiones. Sin embargo, cuando se trataba de desear una pareja potencial, RX era tan rápido como el grupo de control.

El paciente no había notado ningún déficit en su capacidad de amar, pero ¿quizá su esposa sí? Porque en algún momento después de su derrame cerebral, RX y su esposa se separaron. Las razones eran complicadas, como suelen serlo en una ruptura, pero me pregunté si la ínsula dañada, un pilar de la red amorosa del cerebro, había desempeñado algún papel en la disolución de su matrimonio.

Lecciones desde el laboratorio

A estas alturas te preguntarás cómo puede aplicarse esta línea de investigación a tu propia vida amorosa. En la mayoría de los países, la gran mayoría de las personas (entre 78 y 99 por ciento) describen "un matrimonio fiel con una sola pareja" como su acuerdo romántico ideal.[20] Desgraciadamente, la mayoría de las parejas de larga duración tienen problemas de intimidad física a lo largo de su relación. A medida que las parejas envejecen, pueden perder fácilmente la pasión que les atrajo al principio. Los estudios demuestran que la intimidad física a veces disminuye a medida que las parejas envejecen, sobre todo cuando hay hijos. La disfunción en este ámbito es un problema sorprendentemente común. El 43 por ciento de las mujeres estadunidenses y el 31 por ciento de los hombres han experimentado alguna dificultad en la intimidad física durante su matrimonio. Un 30 por ciento de los estadunidenses sufre una deficiencia, si no una ausencia total, de deseo físico.[21] Se ha informado que esto aumenta en gran medida el riesgo de ruptura.

A pesar de que estos problemas están muy extendidos en las relaciones duraderas, la medida que las parejas se imponen es precariamente alta. La mayoría considera que la intimidad física es "muy importante" para su relación, y una vida amorosa sana se considera, de acuerdo con las sociólogas Sinikka Elliott y Debra Umbersen, un indicador cultural de "felicidad conyugal".[22] Esto significa que la mayoría de las personas consideran que el amor sin deseo no es del todo completo. Y los descubrimientos neurocientíficos parecen reforzar esta idea, ya que la ínsula es una parte fundamental de la red del amor y parece necesitar una profunda conexión emocional y cognitiva, además de una apasionada conexión física, para estar completamente encendida.

Sin embargo, me pregunto si se podría compensar la falta de atracción física encontrando otras formas, no sexuales, de activar la ínsula posterior. No me refiero a una técnica de vanguardia, como la estimulación cerebral profunda que, al menos por el momento, se limita a los entornos clínicos. En su lugar, un simple truco cerebral conductual podría servir. Recuerda que la ínsula posterior también se activa con la comida. Esta parte del cerebro gestiona la conciencia, la percepción, el reconocimiento y la memoria del sabor. Así que, si tienes problemas para conectar con tu pareja, ¿por qué no probar suerte en la cocina? Intenten crear cocinar juntos, o compartir una deliciosa comida (aunque sólo sea una hamburguesa o una ensalada) y concéntrense en la novedad de los sabores, en la sensualidad de esa experiencia compartida, luego permitan que su cerebro, incluida la ínsula, haga la magia.

Más allá del sabor, la ínsula posterior es como un radar para una serie de experiencias sensoriales y corporales. Abrazar a tu pareja u oler fragancias agradables juntos también activará esta región. Y, como señala la neurocientífica sueca India Morrison, la ubicación de la ínsula posterior en el circuito cerebral de amortiguación del estrés sugiere que estas experiencias sensoriales placenteras tendrán un efecto calmante y de conexión a tierra para ti y para tu pareja.

Caminar, correr o bailar juntos son sólo ejemplos de otras actividades que encienden esta parte de la ínsula. Los estudios han demostrado que las parejas que bailan son felices juntas. No sólo activarás de nuevo algunas de las sensaciones corporales de placer que se disparan en la ínsula, sino que también puedes reducir el estrés[23] y aumentar la satisfacción de la relación. La lección que hay que extraer de este capítulo es que la conexión con la persona amada es profunda y se beneficia de la retroalimentación cognitiva y corporal. Por suerte, cuando se trata de la ínsula, hay más de una forma de despertar los sentidos.

7
Siempre tendremos París

¡Cuán a menudo la felicidad es destruida por la preparación,
la insensata preparación!
—Jane Austen

Cuando desperté la mañana del 28 de septiembre de 2011 no tenía idea de que ése sería el día de mi boda. John fue invitado a un acto de la Fundación MacArthur en París, una conferencia internacional conformada por doce académicos de diferentes áreas que tenían algo que aportar al estudio del envejecimiento. El grupo incluía a algunos de los principales expertos en salud pública y psicólogos del mundo. John fue a discutir, entre otras cosas, sobre cómo los ancianos podían protegerse de los peligros de la soledad. Pero él y yo llevábamos ya varios meses de amor a larga distancia y nos estábamos volviendo cada vez mejores para surfear los negocios y el placer.

La tarde anterior había tomado el tren de Ginebra a París. Intenté trabajar en mi laptop mientras el tren corría a través del macizo del Jura y los viñedos de Borgoña, pero estaba demasiado distraída por mis expectativas. Había sido muy duro pasar semanas lejos de él, pero ¿eso de que la ausencia hace que el corazón se vuelva más cariñoso? No es sólo un dicho... es ciencia.

En un interesante estudio realizado en 2013, se demostró que las personas involucradas en una relación a distancia tenían interacciones más significativas (aunque sólo pudieran comunicarse por mensajes de texto, teléfono y videochat) en comparación con las parejas que se veían todos los días. Esto, paradójicamente, daba lugar a una conexión más profunda entre las parejas con una relación a distancia. En todas las especies sociales vemos el poder de la distancia para refrescar las relaciones, incluso en los elefantes,[1] que se saludan de forma más elaborada después de una ausencia prolongada.

La razón es la preferencia innata del cerebro social por la novedad. La distancia evita que demos por hecho la relación con una persona. La distancia nos recuerda lo que más extrañamos de nuestra pareja. No sorprende que la separación sea una pena tan dulce... y que el reencuentro se sienta tan bien que casi duela.

John había pasado ese día discutiendo con sus colegas sobre los puntos más delicados de la metodología y el valor de tal o cual intervención. Pero cuando el sol se puso sobre la Ciudad del Amor, se despidió y se encontró conmigo para dar un largo paseo por el Sena. En cuanto nos vimos, empezamos a caminar más rápido y nos abrazamos.

Aunque no teníamos reservación, nos las arreglamos para conseguir una mesa en el romántico Tour d'Argent, el antiguo restaurante situado sobre el río. Nos sentamos en una pequeña mesa con vista a la parte trasera de Notre-Dame, con sus arbotantes de luz ambarina. El impecable camarero, con su traje de tres piezas, pareció conmocionado cuando John rechazó el típico menú de degustación, que incluiría innumerables platos e interrupciones a nuestra conversación. En su lugar, pidió un pato prensado para compartir y dos copas de champán.

—Esta noche no se trata del chef —dijo—, se trata de nosotros.

Al día siguiente, yo me encontraba trabajando en un artículo de investigación en la habitación del hotel. Recuerdo que el día ya era especial porque el 28 de septiembre era el cumpleaños de mi abuela Mémé, y yo estaba pensando con nostalgia en ella y en cuánto me habría gustado que siguiera viva para conocer a John, que ahora era oficialmente mi prometido. A Mémé le habría agradado que me pidiera matrimonio de rodillas. Y le habría agradado también que, después de decir que sí, él insistiera en llamar a mi padre para "pedir mi mano". Mis padres lloraron de alegría. Sabían que John me complementaría de la misma manera que mi padre y mi madre siempre se complementaban.

Estábamos tan felices de estar comprometidos que nos habíamos olvidado por completo del pequeño asunto de la planificación de la boda. Pensábamos que con el tiempo lo haríamos pero, por el momento, había demasiado por hacer.

Ese día en París, John salió temprano del hotel para reunirse con los demás asistentes a la conferencia. Tras una larga sesión matutina, se tomó un descanso con su buena amiga, la psicóloga de Stanford Laura Carstensen. Se habían visto por última vez un mes antes, en el aeropuerto O'Hare de Chicago, cuando John se dirigía a otra conferencia europea (y a otra cita conmigo). Pero una fuerte tormenta de nieve había retrasado su vuelo.

—Mira el lado bueno —le dijo Laura—, si el vuelo se retrasa, no tienes que dar tu charla.

John se puso de repente muy serio.

—No, quedé de encontrarme con alguien allí, alguien importante.

Empezó a hablarle a Laura de mí, de cómo nos habíamos enamorado tras un encuentro fortuito en Shanghái, de cómo *necesitaba* estar en ese vuelo. Laura estaba al tanto de los desastrosos divorcios de John. Le llamó la atención que John hablara de mí como si fuera su última oportunidad de amar. Él le dijo que quería hacerlo bien en esta ocasión. Ahora, en París, Laura quería una actualización:

—¿Cómo están las cosas con Stephanie?

John dijo con una sonrisa tímida:

—Nos vamos a casar.

—¡Vaya, John, eso fue rápido! ¡Felicidades! Me alegro tanto por ti. ¿Y cuándo será el gran día?

Él pareció confundirse por un momento.

—Oh, no sé si haremos una boda clásica. Tanto Steph como yo estamos muy ocupados. Probablemente iremos al ayuntamiento de Chicago durante nuestra pausa para comer.

—¿Sabes? Yo podría casarlos hoy mismo —Laura acababa de ordenarse como ministra para oficiar la boda de uno de sus estudiantes de posgrado. Su sugerencia era tan sólo una broma.

"No había ni una pizca de seriedad en ella", me dijo John tiempo después, pero no pareció darse cuenta de ello en ese instante.

—¿Te refieres a hoy? ¿Sabes? Steph está aquí en París conmigo. ¡Eso podría funcionar!

Tomó su teléfono y comenzó a escribirme un mensaje: ¿QUIERES CASARTE HOY DESPUÉS DEL TRABAJO?

—John, espera... ¡¿Qué estás haciendo?! —dijo Laura—. ¿Estás *loco*? Estas cosas hay que planearlas —John no parecía estar escuchando. La conferencia estaba a punto de reanudarse. Laura se limitó a sacudir la cabeza y murmurar en voz baja—: John, no conoces a las mujeres —él esbozó una sonrisa diabólica.

—*Tú* no conoces a Steph.

Y entonces, ¿quería casarme hoy? Tuve que leer dos veces el mensaje cuando parpadeó en mi teléfono. Pero sólo tardé dos segundos en contestar. Entonces salí corriendo de la habitación del hotel para buscar un vestido blanco.

Darle la espalda al lóbulo frontal

Al sorprenderme, John encontró al instante una forma de hacer que nuestra boda fuera especial y única, como sea que haya resultado. Una ceremonia tan espontánea no funciona para todo el mundo, por supuesto, pero merece la pena considerar el papel que los acontecimientos imprevisibles pueden desempeñar en el amor, y si podemos beneficiarnos dejando más espacio a la improvisación en nuestras relaciones.

Gran parte de nuestra experiencia social, especialmente en lo que se refiere al romance, tiene que ver con las expectativas. Quizá tengamos una imagen de la persona con la que nos casaremos mucho antes de conocerla. Por lo general, lo llamamos un *tipo*, un ideal. O tal vez tengamos en el ojo de nuestra mente la primera cita perfecta: un paseo por el lago, una caminata por el bosque, un restaurante romántico. Cuando se trata de la boda (una oportunidad no sólo para proclamar nuestro amor, sino también para mostrar nuestro buen gusto y nuestra red social), probablemente tenemos expectativas de lo que debe ser. Y, lo que es más importante, tenemos expectativas de lo que *no* debe ser.

Si estas expectativas nos encaminan hacia la felicidad genuina, entonces están muy bien. Pero yo diría que, en muchos casos, esos planes pueden convertirse en una especie de trampa mental que nos obliga a buscar un tipo de felicidad preconcebida que quizá nunca alcancemos o que, una vez alcanzada, no nos haga sentir realmente felices.

Un estudio del psicólogo de Yale Robb B. Rutledge demuestra este punto: su equipo elaboró un experimento en el cual los participantes fijaron sus expectativas antes de participar en un juego de toma de decisiones[2] con pequeñas recompensas económicas. Sus resultados muestran que la cantidad final de dinero que ganaron no determinó su felicidad. Más bien, lo que predijo su nivel de felicidad fue la diferencia entre sus expectativas iniciales y el resultado. Si no tenían ninguna expectativa de ganar y acababan ganando una cantidad mínima de dinero, eran felices.

Aplicando esta fórmula de expectativas a las relaciones amorosas, cuanto más amemos sin esperar ninguna recompensa a cambio, más aumentarán nuestras posibilidades de ser felices. Esto está en consonancia con un amplio conjunto de investigaciones que demuestran que establecer expectativas realistas conduce a una mayor satisfacción en las relaciones. Pero ajustar las expectativas no significa necesariamente rebajarlas. Se trata más bien de dejar de lado la presión social que a menudo nos conduce a perseguir expectativas poco realistas sin entender lo que realmente queremos o necesitamos, y de qué podemos prescindir.

Lo importante de desprenderse de las expectativas es que debe sentirse como un acto de generosidad o de fe en la relación, y no como un *sacrificio*. De lo contrario, es probable que sientas que estás renunciando a algo importante para ti (por el bien de tu pareja), lo que provocará sentimientos de resentimiento o rencor, que pueden suponer un serio problema. Un interesante estudio realizado en los Países Bajos muestra que, aunque las personas aprecian mucho que su pareja se sacrifique por ellas, cuando empiezan a *esperar* esos sacrificios sienten mucha menos gratitud[3] y ya no ven los sacrificios de su pareja bajo la misma luz positiva. Este hallazgo coincide con una teoría que sostengo desde hace tiempo: *las expectativas matan la gratitud.*

Tenemos una tendencia natural a esperar la ayuda, el apoyo y el sacrificio de nuestra pareja hasta cierto punto, pero la belleza de nuestro cerebro evolucionado es que estamos neurológicamente preparados para controlar esta tendencia y, si así lo deseamos, esperar menos de nuestra pareja y dar más a cambio... *intencionadamente*. La próxima vez que tengas planes para una cena romántica con tu pareja, pero ella se siente "muerta" después de un día entero de reuniones consecutivas de Zoom, pregúntate qué es más importante: ceñirte al guion que tenías sobre cómo *debía* ser esa velada o dejarlo pasar por el bien de tu pareja, y tu propio bien. Tal vez descubras que compartir una tarta de manzana o de observar las estrellas juntos desde la comodidad de su patio bajo una cálida manta era en realidad más romántico que la elaborada velada que habías planeado.

Las expectativas no sólo complican la vida de una relación, sino que también pueden obstaculizar la conexión con alguien en primer lugar. ¿Qué pasa si encuentras al "indicado" pero no reconoces a esa persona como tal porque tenías una idea diferente de cómo *debería* ser la persona con la que te casarás? A la inversa, ¿qué pasa si te quedas en una relación malsana o abusiva durante demasiado tiempo porque tú y tu pareja *deberían* ser perfectos juntos, porque tu pareja es el tipo de persona que *cumple* con todos tus requisitos? A veces, la búsqueda de esa pareja perfecta puede hacer que alguien llegue a extremos extraordinarios. Tal fue el caso de Linda Wolfe, una mujer de Indiana que se casó veintitrés veces (lo que le valió un lugar en el *Libro Guinness de los Récords*), pero que nunca encontró al "indicado". Poco antes de su muerte, en 2009, dijo que aún mantenía la esperanza de que el marido número veinticuatro llegara para cumplir sus sueños.

Estos sueños, esperanzas, expectativas y guiones que escribimos para nuestro futuro y que se reproducen una y otra vez en nuestra mente son gestionados por la corteza prefrontal (CPF). Considerada durante décadas como una zona cerebral misteriosa,[4] muchos neurocientíficos la valoran ahora como una de las partes del cerebro que nos hace más humanos. Situada justo delante de la corteza cerebral, contiene parte de nuestro hardware más reciente, evolutivamente hablando. Su gran tamaño y sus extensas conexiones le permiten contribuir a una amplia gama de funciones mentales, como la toma de decisiones, el lenguaje, la memoria de trabajo, la atención, el aprendizaje de reglas, la planificación y la regulación de las emociones,[5] por nombrar sólo algunas.

Ya antes describí esta región como los "padres" del cerebro, que te dicen lo que debes o no debes hacer. El procesamiento que se produce en la CPF es lo más parecido a la noción de Freud de un "superego". Esta parte del cerebro nos ayuda a distinguir el bien del mal, a controlar y reprimir los impulsos,[6] a ver un rayo de luz[7] en medio de las situaciones oscuras y a tomar decisiones difíciles y retrasar la gratificación, si nos beneficia a largo plazo o beneficia a alguna causa mayor que nosotros mismos.

Es un hecho poco conocido que la CPF en los seres humanos no madura completamente hasta los 25 años.[8] Esto explica por qué a los 18 años puedes hacer cosas (como tomarte un barril de cerveza o ponerte un piercing en la lengua) que nunca harías una década después. Sin embargo, por mucho que necesitemos la CPF para ser adultos funcionales y responsables, hay momentos en los que queremos volver a conectar con nuestro yo más joven, para no cuestionar tanto nuestras acciones, para pensar más en el ahora, para estar en el momento. Pienso en la definición de genio del poeta francés Charles Baudelaire: no es más que "la infancia recapturada a voluntad".

Me encanta esta idea. Y cuando estoy viviendo realmente el momento, es así como veo el mundo, con la alegre curiosidad y el sentido de la maravilla que poseen los niños. Sin embargo, esto no es una invitación al comportamiento impulsivo. No queremos apagar por completo nuestra CPF. Eso sería un desastre.

Si lo hiciéramos, estaríamos gobernados principalmente por nuestros impulsos. Perderíamos el control y careceríamos de la capacidad de regular nuestras emociones,[9] de manejar el dolor psicológico[10] y de completar las tareas que habíamos programado para el futuro. Acabaríamos viendo el mundo menos como niños, que están ansiosos por aprender y descubrir cosas nuevas, y más como pacientes con una lesión,[11] un tumor o una enfermedad que afecta a la parte frontal de la CPF (conocida como región orbitofrontal). Estos pacientes muestran una falta de control de los impulsos, tienen dificultades para cumplir con sus responsabilidades personales y profesionales, y cometen todo tipo de errores sociales.

Un famoso estudio que ilustra un cambio de personalidad tras una lesión frontal es el de Phineas Gage, un trabajador ferroviario de 25 años de New Hampshire. En 1848, sufrió una espantosa lesión cuando una explosión lanzó una barra de hierro que atravesó el lado izquierdo de su cabeza. Milagrosamente, Gage sobrevivió, pero nunca volvió a ser el mismo. Su región orbitofrontal izquierda[12] fue destruida. Y con ella se fue gran parte de su decencia común, como informó más tarde el médico que trató a Gage, el doctor John Martyn Harlow. Pasó de ser trabajador, bien educado, "muy enérgico y persistente en la ejecución de todos sus planes"[13] a "pertinazmente obstinado", "irreverente" y errático. Esta transformación fue tan intensa que sus amigos dijeron que de hecho "ya no era Gage".[14]

Estudios más recientes han revelado lo esencial que es la CPF para nuestra naturaleza social. El neurólogo francés doctor François Lhermitte[15] tuvo una vez una paciente en la década de 1980 con un gran tumor en su lóbulo frontal. La paciente lo seguía por donde iba sin propósito, tomaba los objetos que él tomaba sin razón aparente e imitaba las acciones del médico sin tener la menor sensación de que estaba haciendo algo raro. Del mismo modo, el neurólogo y neurocientífico estadunidense doctor Bob Knight pidió una vez a los pacientes con daños en la CPF que leyeran la siguiente historia para ver si podían identificar un *faux pas*,[16] un paso en falso.

> Jeanette le compró a su amiga Anne un cuenco de cristal como regalo de bodas. Anne tuvo una gran boda y había muchos regalos como para que llevara un registro. Más o menos un año después, Jeanette fue una noche a cenar a casa de Anne. A Jeanette se le cayó una botella de vino por accidente sobre el cuenco de cristal y éste se hizo añicos.
>
> —Lo siento tanto, rompí el cuenco —dijo Jeanette.
>
> —No te preocupes —dijo Anne—, de cualquier forma, nunca me gustó. Alguien me lo regaló para mi boda.

Para la mayoría de la gente, el *faux pas* se percibe con claridad. Pero los pacientes del doctor Knight con daños en esta área eran completamente incapaces de percibir por qué el comentario de Anne podía ser visto como una falta de tacto.

Aunque la CPF es esencial para nuestra naturaleza social, a veces dejamos que nos controle demasiado. Los estudios demuestran que la rumiación,[17] el pensamiento negativo recurrente, el pensamiento centrado en uno mismo e incluso los trastornos obsesivo-compulsivos están asociados a cambios en la CPF. La corteza prefrontal activada a toda marcha[18] no resulta del todo agradable. Pensamos con menos flexibilidad, nos obsesionamos con detalles minúsculos, nos enfermamos de preocupación, le damos vueltas a algo sin parar en nuestra cabeza. En estos casos, nos esforzamos demasiado por seguir el guion, por anticipar lo que va a pasar, por planificar y perfeccionar.

Este tipo de pensamiento excesivo impulsado por la CPF puede ser a veces un obstáculo para la creatividad. Cuando los neurocientíficos bombardean partes de la CPF para reducir su influencia (mediante una técnica no invasiva llamada estimulación magnética transcraneal, o EMT), se observa que las personas muestran una mejora cognitiva,[19] ya que son mejores para resolver problemas o enigmas, y tienden a pensar más de forma divergente. Con el entrenamiento mental, podemos conseguir resultados similares, tanto si se trata de encontrar una solución a problemas creativos en el trabajo como de encontrar la manera de convertir una conferencia científica en una fiesta de boda improvisada. No sólo somos más creativos cuando la CPF se mantiene a raya, sino que también estamos de mejor humor.[20] Los estudios demuestran que cuanto menos rumiamos, mayor es nuestra satisfacción vital subjetiva y nuestra felicidad.

Así que la pregunta es: ¿cómo podemos mantener en equilibrio la CPF? ¿Cómo podemos beneficiarnos de todos sus aspectos útiles como planificar, ahorrar y controlar las tendencias insanas o perjudiciales, sin permitir que gobierne nuestra vida, causando pensamientos excesivos, ansiedad y otros problemas? En otras palabras, ¿cómo nos salimos del guion? ¿Cómo decimos no al MAP, el *miedo* a perderse, y decimos sí a la ADP, la *alegría* de perderse?

Los antídotos más populares para combatir el exceso de pensamiento negativo son la respiración, la meditación y los ejercicios de atención plena. En los últimos años, estas técnicas han ganado credibilidad científica. Dos de las personas que han contribuido a cambiar la actitud hacia la meditación y la atención plena son el neurocientífico estadunidense Richard Davidson, pionero en el arte de controlar el CPF, y el monje budista francés Matthieu Ricard, maestro en encontrar maravillas en la soledad y fuerza en la introspección. Juntos han entablado amistad y colaboración con el Dalái Lama. Han llevado a cabo rigurosos experimentos en el laboratorio de Davidson en la Universidad de Wisconsin-Madison (y en otros laboratorios de todo el mundo), en los que han utilizado electroencefalogramas y resonancias magnéticas funcionales para estudiar los cerebros de monjes tibetanos[21] y otros estudiantes de meditación. Sus resultados muestran cómo los practicantes altamente entrenados (con más de nueve mil horas de práctica a lo largo de su vida,[22] en promedio) pueden controlar los procesos de pensamiento negativo, aceptar cada sentimiento tal y como viene, sin juzgarlo, y modular la activación de varias áreas cerebrales, incluyendo la CPF,[23] la región que, como describió Davidson, es "absolutamente clave en la regulación de las emociones, ya que es una zona de convergencia de pensamientos y sentimientos".[24]

Pero no sólo los monjes eminentes[25] con años de entrenamiento en meditación pueden beneficiarse de estas técnicas. En 1999, Davidson y sus colegas se pusieron en contacto con el director general de una empresa de biotecnología y le sugirieron que enseñara a sus empleados la meditación de atención plena y que luego evaluara su influencia en algunas medidas de salud física y mental. Cuarenta y ocho empleados se ofrecieron como voluntarios para participar en una capacitación de conciencia del momento presente sin juzgar, lo que también se conoce como reducción del estrés basada en la atención plena (REBAP). Cada semana, durante dos meses, los empleados participaron en una sesión de dos horas y media. Los investigadores midieron las ondas cerebrales de los voluntarios (centrándose en la CPF) antes y después del periodo de entrenamiento. Al final de las ocho semanas, los resultados fueron claros. En comparación con un grupo de control, los voluntarios de la REBAP mostraron un descenso de 12 por ciento en sus síntomas de ansiedad y un desplazamiento en la activación de la CPF de la derecha a la izquierda. Curiosamente, la CPF del hemisferio derecho del cerebro tiende a procesar las emociones negativas, mientras que la CPF izquierda se especializa en las emociones positivas,[26] lo que indica que el entrenamiento de atención plena[27] estaba funcionando.

En la actualidad existen numerosas aplicaciones de atención plena y terapias conductuales que pueden ayudar a los rumiantes a convertirse en meditadores y a obtener nuevos conocimientos no sólo sobre su salud física y mental, sino también sobre el funcionamiento de su cerebro. Con el tiempo, pueden aprender a suprimir el impulso de centrarse obsesivamente en los acontecimientos negativos del pasado y del futuro, poniendo la CPF en un espacio más tranquilo. Lo que los devotos de la meditación y las técnicas de atención plena descubren es que estar en el momento puede, literalmente, despejar la mente de pensamientos negativos no deseados e innecesarios y sustituirlos por pensamientos más positivos y constructivos.

Por último, también se ha demostrado que la naturaleza tiene un potente efecto para reducir la rumiación y regular la actividad de la CPF. Por ejemplo, un estudio realizado en 2015 en Stanford demostró que los participantes que dieron un paseo de noventa minutos por un entorno natural mostraron una actividad neuronal reducida en las partes de la CPF[28] que fomentan la rumiación. Al sumergirte en la naturaleza o realizar cambios intencionados en tu mentalidad, puedes abrirte a experiencias que podrían ser más ricas, profundas y significativas que cualquier cosa que hayas podido planear o imaginar.

Verdades difíciles

Desde aquella primera noche en Shanghái, John y yo nos habíamos ido enamorando cada vez más y más... pero pronto la rumiación comenzó a hacer efecto. Nos separaba un gran hecho biológico: nuestras edades. John tenía 60 años, yo tenía 37. Y no sabía si casarse con una mujer mucho más joven que él era una buena idea. No creo que le importara cómo se *viera*, las suposiciones que algunas personas harían basadas en sus propios guiones sobre lo que debe ser una "relación adecuada". No creo que pensara en absoluto en sí mismo. Más bien, estaba preocupado por mí.

Si le pasaba algo a él, yo estaría sola y, todavía peor desde la perspectiva de John: yo sería susceptible a la soledad. John *sabe*, quizá mejor que nadie en el planeta, lo que la soledad puede causarle a un cerebro sano. Y era sensible a la realidad actual de nuestras circunstancias. Si nos casábamos, lo más probable era que no estuviera presente para celebrar mis propios 60 años.

—¿Desde cuándo te convertiste en el príncipe de las tinieblas? —le pregunté.

Sonrió, pero luego sus ojos se pusieron serios. Estábamos en un pequeño restaurante de una ciudad alemana cualquiera cuyo nombre ya he olvidado. Nuestras citas al otro lado del océano no siempre eran glamurosas y elegantes. A veces, resultaba agotador. Esto fue unos meses antes de París. John había tomado dos vuelos y un tren para verme, y sólo teníamos una noche para estar juntos. Empezó siendo una noche preciosa, perdiéndonos en una ciudad extranjera, con una conversación fluida, romántica y espontánea. Pero después de cenar, la conversación dio un giro desde el ahora hacia el futuro que se avecina.

—Puede que estemos enamorados, pero aún no nos hemos comprometido —dijo John—. Todavía estamos al margen. Sé, porque lo he estudiado, la clase de soledad que abruma a un cónyuge viudo. La idea de que puedas vivir con eso durante décadas... no puedo, conscientemente, ponerte en esta situación.

Soy terca. Le dije que se olvidara de este asunto. Le dije que nunca podría dejar que algo tan aparentemente trivial como la edad dictara el futuro de nuestro amor. Además, él se encontraba en plena forma. Era tan feliz conmigo, yo era tan feliz con él. *Encajábamos.* Y nos habíamos acoplado tan rápidamente el uno con el otro que la idea de poner alguna restricción a nuestro amor me parecía algo artificial. Mirando hacia atrás, no puedo evitar pensar que no sólo nuestra edad, sino también nuestras especialidades académicas, influyeron en nuestras posiciones. Yo defendía el poder alegre del amor, y él el poder destructivo de la soledad.

Decidimos alejarnos una semana. Sin teléfonos, sin Skype. Un poco de distancia emocional. Me fui a explorar cuevas con una amiga en el sur de Francia. Y él se fue de vacaciones a Perú. Ambos pasamos nuestros viajes divirtiéndonos, tratando de distraernos de que nos extrañábamos, tanto que era difícil incluso respirar. Al final de la semana me envió una fotografía de su mano izquierda. Se había puesto una sortija de plata en el dedo anular. *Soy tuyo*, escribió.

De boda en boda

¿Se puede uno casar llevando un saco?, me pregunté mientras recorría todas las boutiques en busca del que me parecía el único vestido blanco de París. Mientras tanto, todo el congreso científico se transformaba en una fiesta de boda. No podíamos alquilar un lugar

con tan poca antelación, así que decidimos hacer una ceremonia improvisada en un rincón cualquiera de los Jardines de Luxemburgo, cerca de nuestro hotel. John le pidió al doctor Jack Rowe, profesor de salud pública en Columbia y exdirector general de la gigante compañía de seguros Aetna, que me entregara.

—¡Pero ni siquiera conozco a la novia! —dijo Jack.

Laura Carstensen oficiaría la ceremonia. El sociólogo de la Universidad de Pennsylvania, Frank Furstenberg, armado con su iPad, fue nuestro fotógrafo. El chef del hotel preparó una tarta de boda con sólo unas pocas horas de aviso. Un economista del grupo no pudo evitar calcular cuánto nos habría costado una boda en París si la hubiéramos planificado.

—¡¿Saben cuánto dinero se están ahorrando?!

Sinceramente, ese pensamiento ni siquiera nos había pasado por la cabeza.

Mientras John y yo estábamos allí, unidos en nuestro amor, me encontré mirando a la gente que nos rodeaba, a muchos de los cuales acababa de conocer. Estaban radiantes. Ninguno esperaba asistir a una boda, pero todos desempeñaban un papel en ese momento, cada uno tenía la sensación de ser parte de algo especial.

Cuando Laura terminó su discurso y nos preparamos para el intercambio de votos, oí una voz francesa que gritaba de repente *"Attention!"*. Dos mujeres policías se acercaron para informarnos que la reunión infringía varias normas del parque. Estaba absolutamente prohibido estar en el área del jardín. Mientras John y yo permanecíamos tomados del brazo y yo sostenía mi ramo de flores, sintiéndome un poco incómoda, los francófonos de la fiesta de boda suplicaron a las oficiales que nos dejaran terminar la ceremonia.

—¡Tengan corazón! —gritó un turista que pasaba por allí—. ¡Esto es París!

Las mujeres policías discutieron la situación durante un tiempo demasiado largo. Después de deliberar, decidieron dejarnos terminar rápidamente la ceremonia, siempre y cuando nos fuéramos justo después de intercambiar los votos. Pero tuvimos que salir del área del jardín de inmediato. Así que, como si se tratara de una rutina de baile coreografiada, toda la comitiva de la boda se movió en perfecta sincronía, al camino de grava. Y entonces intercambiamos los votos.

Unas dos semanas después, nos casamos oficialmente en el centro de Chicago, durante nuestra pausa para comer (tal y como John había imaginado). Tanto nuestra ceremonia espontánea en París como nuestra boda oficial en Chicago siguen siendo dos de los mejores momentos de mi vida, pero tengo que confesar que, en lo más profundo de mi corazón, siento que nuestra ceremonia espontánea marcó el primer día en que John y yo nos convertimos en marido y mujer.

8
Mejor juntos

Juntos, podemos hacer mucho.
—Helen Keller

Rubén Toledo era de La Habana, Isabel era de una aldea en la Sierra Maestra, pero se habían conocido en una preparatoria en New Jersey, dos chicos inmigrantes cubanos que soñaban con hacer arte juntos. Él se enamoró desde la primera vez que puso los ojos en su sedoso cabello negro y su piel de alabastro, pero a ella le costó casi una década ver a ese alegre bobalicón, con su delgado bigote y su cabeza llena de grandes ideas, como algo más que un amigo. Mientras tanto, descubrieron la ciudad de Nueva York, exploraron su creatividad, se impulsaron uno al otro en nuevas direcciones. Él sabía dibujar y ella coser, y ambos sabían bailar. La música disco estaba de moda a finales de la década de 1970, y pasaban las noches entre Studio 54 y The Factory, de Andy Warhol, haciendo amigos que pronto venderían su ropa en boutiques elegantes como Fiorucci y Patricia Field.

A medida que su negocio de moda crecía, también lo hacía su mística. Con la ayuda de Rubén, Isabel creó vestidos que flotaban como papalotes y ropa de trabajo ligeramente excéntrica que hizo que una generación de mujeres creativas de Nueva York sintiera que había encontrado una segunda piel. El momento culminante de Isabel llegó en 2009, cuando Michelle Obama eligió uno de sus vestidos (un vestido dorado con un abrigo a juego, hecho de encaje de lana) para asistir a la toma de posesión de su esposo.

Un amigo decía que Isabel era la tela y Rubén la aguja: no habrían podido hacer cosas tan hermosas si ellos dos no hubieran estado tan bien cosidos juntos. El interés de Rubén por su esposa parecía no tener fin. Alguna vez pensó que había dibujado su retrato diez mil veces. A menudo insinuaban que gran parte de su comunicación era no verbal. Ella colocaba telas sobre un maniquí, luego escribía algunas palabras en el papel y los bocetos aparecían mágicamente en los márgenes. Esta conexión era misteriosa, no podían explicarla realmente, y recurrían a las metáforas. Le dedicó su autobiografía: "PARA SIEMPRE RUBÉN que es la parte más cálida de mí, sobre la que no tengo control alguno".

Cuando Isabel Toledo murió de cáncer de mama en 2019, a los 59 años, su funeral se convirtió en una celebración del amor que compartió con Rubén. En una sala, con sus amigos llorosos, él leyó una nota de despedida a su mujer. "Sabes lo bien que encajamos:[1] como dos piezas de rompecabezas que se unen mágicamente para siempre... veo todo y a todos a través de tus inolvidables ojos". Su amor ya no parecía pertenecerles sólo a ellos; era algo compartido, un monumento de afecto que conmovía a todos los que los conocían.

La ventaja de los amantes

Los Toledo son sólo uno de los muchos ejemplos de cómo el amor puede hacer que dos personas sientan que son más que la simple suma de sus partes. Otro caso sorprendente es el de la pareja de científicos Marie y Pierre Curie, quienes se conocieron en un laboratorio de la Sorbona de París cuando ambos eran jóvenes estudiantes de química, pero a fuerza de su inquebrantable vínculo covalente, construyeron una rica vida en común, en la que ambos se sentían hipnotizados, como decía Pierre, por su "sueño científico" compartido.

Ese sueño adoptó muchas formas, desde la investigación de la radiactividad hasta el descubrimiento de los elementos radio y polonio, un avance por el que ganaron el Premio Nobel en 1903. Cada uno comprendía que no podría haber logrado tanto sin el otro. Tras la muerte de Pierre en 1906, en un trágico accidente automovilístico, Marie sintió que el único camino a seguir era continuar con su pasión. Ganó un segundo Premio Nobel, en 1911, y nunca volvió a casarse.

Lo que me parece extraordinario es que se puedan obtener todos los beneficios intelectuales de una relación simbiótica como la de los Toledo o los Curie aunque no se comparta la misma línea de trabajo o pasión en la vida con la pareja. De hecho, incluso las parejas con vidas laborales muy diferentes afirman que estar con su pareja las hace pensar más rápido, las hace ser más creativas, las lleva a ser de alguna manera una mejor *versión* de sí mismas. Mi investigación demuestra que esto es más que un sentimiento, que en muchos aspectos mensurables las parejas enamoradas disfrutan de beneficios cognitivos que se pierden en aquellas que no tienen una conexión tan apasionada.

Ya sabíamos por los experimentos de la máquina del amor que el simple hecho de pensar en la persona amada (incluso a nivel subconsciente) podía mejorar la rapidez de la lectura. Y muchos otros estudios han sugerido que el amor es bueno para la mente de formas inesperadas. Los investigadores han encontrado pruebas que sugieren que el amor facilita la creatividad[2] y el tipo de lluvia de ideas o la sinergia motivacional que conduce a la innovación;[3] que la llamada hormona del amor, la oxitocina, mejora el rendimiento creativo,[4] y que esa imprimación del amor (por ejemplo, pedir a los participantes que se imaginen dando un largo paseo con su ser amado)[5] les ayuda a afrontar retos intelectuales que no están relacionados con su relación. Las investigaciones anteriores también revelaron que cuanto más dicen las personas que están enamoradas, más creativas se consideran a sí mismas.[6]

Se trata de estudios muy claros, y con efectos muy claros, pero me preguntaba si podríamos aprender más sobre la naturaleza fundamental del amor o su evolución: cómo funciona, por qué une a las personas. Lo que me interesaba era saber si el amor podía potenciar las habilidades que nos ayudaban específicamente a desenvolvernos en el mundo social, una capacidad que los psicólogos llaman *cognición social*. Esto nos ayudaría a entender si el amor tenía una función más allá de perpetuar la especie y consolidar el apoyo de los padres.

Para responder a esta pregunta, llevé a cabo una serie de experimentos[7] en los que se comparaba la capacidad de personas enamoradas para anticiparse a las acciones de sus parejas en comparación con las de extraños. Mi investigación anterior sobre el sistema de neuronas espejo había demostrado que los jugadores de tenis podían utilizar su conexión con su oponente para anticipar dónde caería la pelota después de un saque. Ahora quería ver si los enamorados podían utilizar su conexión para predecir el comportamiento del otro.

Como era de esperar, descubrí que las personas pueden leer las intenciones de sus seres queridos mucho mejor que las de los desconocidos. No sólo eso, sino que cuanto más enamorados estén, más rápidas y acertadas serán sus predicciones. Esta capacidad podría explicar en parte por qué parejas como Rubén e Isabel, mis padres o John y yo solemos ser capaces de comunicarnos sin siquiera hablar.

Sin embargo, me preguntaba si era realmente amor o simplemente familiaridad (el simple hecho de conocer a alguien muy bien) lo que explicaba esta habilidad. Al fin y al cabo, cuando uno tiene una relación amorosa, probablemente ha visto a su pareja poner las mismas caras y ejecutar las mismas acciones miles de veces. ¿Podría este cúmulo de experiencias explicar la ventaja de los amantes? Para averiguarlo, creé una familiaridad artificial en los desconocidos mostrando a los sujetos de la investigación acciones repetidas del mismo desconocido docenas de veces. Sin embargo, esta exposición no tuvo ningún efecto sobre su capacidad para predecir lo que iban a hacer, lo que sugiere que era el amor, y no la familiaridad, la razón que explicaba esta ventaja.

La cuestión que se planteó entonces fue si los beneficios cognitivos del amor se extenderían a otras relaciones sociales. ¿Podría el amor no sólo ayudarnos a interactuar con nuestra pareja, sino también mejorar la comprensión de las emociones e intenciones de otras personas, una habilidad que los psicólogos llaman *mentalización*?

En un fascinante experimento, Robin Dunbar y Rafael Wlodarski de la Universidad de Oxford descubrieron que hacer que los sujetos de la investigación pensaran en sus seres amados les hacía evaluar significativamente mejor los estados mentales de los extraños,[8] en comparación con los sujetos a los que se les hacía pensar en algún amigo cercano.

Investigaciones anteriores habían demostrado que las mujeres son innatamente más empáticas y mejores para leer los estados emocionales de otras personas, pero este estudio demostró que los hombres superan significativamente a las mujeres cuando se trata de evaluar las emociones *negativas* en particular. En un contexto evolutivo, esta mayor sensibilidad a las emociones negativas podría haber ayudado a nuestros antepasados a proteger a sus parejas y a detectar amenazas externas a la relación.

Los ángulos correctos

Ya te habrás dado cuenta de que las parejas enamoradas suelen referirse a la otra persona como su "alma gemela" o su "media naranja". Hablan de sí mismos utilizando el pronombre "nosotros" en lugar de "yo". Se colocan muy juntos, a menudo entrelazan sus brazos y manos automáticamente, como si convertirse en una unidad fuera la cosa más natural del mundo. Para las parejas que están profunda y apasionadamente enamoradas, no se aplica el habitual "dar y recibir" que caracteriza a otras relaciones sociales. Experimentan las victorias de su pareja como propias; *sienten* el dolor de su pareja en la derrota o la pérdida. No dudan en renunciar a algo valioso, o en soportar alguna incomodidad, si hay un beneficio neto para la relación, aunque básicamente sólo beneficie a su pareja.

Esto es más que empatía. Es el resultado de lo que los psicólogos llaman *autoexpansión*,[9] una teoría desarrollada por el equipo de psicólogos sociales Arthur y Elaine Aron. La autoexpansión asume dos verdades entrelazadas sobre la naturaleza humana: 1) las personas tienen un impulso innato para ampliarse a sí mismas, siguiendo su curiosidad, perfeccionando sus habilidades o explotando nuevas oportunidades, y 2) la principal forma de hacerlo es mediante las relaciones estrechas, sobre todo las románticas, en las que la idea de sí mismo ("yo") se amplía para *incluir* a la otra persona ("nosotros").

La expansión del yo permite experimentar la identidad de otra persona como propia. Como ha escrito la distinguida psicóloga Barbara Fredrickson, cuando las parejas experimentan este aspecto del amor, "los límites entre tú y no tú (lo que hay más allá de tu piel)[10] se relajan y se vuelven más permeables". Lo describe como "una trascendencia que te hace sentir parte de algo mucho más grande que tú mismo". Albert Einstein lo experimentó con su primera esposa, la matemática serbia Mileva Marić. Su sentido de sí mismo estaba tan entrelazado con el de ella que cada vez que se veían obligados a separarse, él parecía no ser del todo él mismo. "Cuando no estoy contigo, siento que no estoy completo", le escribió. "Cuando me siento, quiero caminar; cuando camino, estoy deseando volver a casa; cuando me divierto, quiero estudiar; cuando estudio, no puedo quedarme quieto y concentrado; y cuando me voy a dormir, no estoy satisfecho con cómo pasé el día."[11]

El impulso de autoexpansión explica por qué, en los experimentos, las personas se sienten especialmente atraídas por parejas potenciales que tienen las cualidades que a ellas mismas les gustaría poseer, cualidades que forman parte de algún "yo idealizado". Este tipo de pensamiento, en el que una cosa (la relación) viene a representar a otra (el individuo), es esencialmente metafórico. Y la metáfora es la especialidad de la región cognitiva de la red del amor llamada *giro angular*.

El giro angular es una de las pocas regiones corticales de orden superior en la red del amor, lo que significa que se encuentra muy por encima de las regiones subcorticales más primitivas del cerebro emocional. Es un pequeño triángulo situado justo detrás de la oreja, en el lóbulo parietal. Esta zona es de enorme interés no sólo para mí, sino también para muchos otros neurocientíficos, aunque su función sigue siendo un tanto misteriosa. Es intrigante que responda con tanta fuerza al amor, ya que no parece responder a otras emociones positivas,[12] como la alegría o la sorpresa.

Los pacientes con daños en el giro angular suelen perder la capacidad de procesar palabras o realizar operaciones aritméticas básicas. Mientras tanto, cuando estimulamos esta zona, algunos pacientes, incluidos los que examiné cuando estuve en Suiza, informaron de experiencias extracorporales.[13] Sabemos que el giro angular sólo se encuentra en los grandes simios y en los seres humanos, lo que significa que fue una de las partes más recientes del cerebro en evolucionar. Además se activa cuando las personas piensan de forma creativa, hacen asociaciones inesperadas o conectan los puntos de forma novedosa.

En mi propia investigación, he descubierto que cuanto más percibe una persona enamorada que su yo y el de su pareja se superponen, más se activa el giro angular.[14] Lo que es potencialmente emocionante es que el giro angular nos ayuda a gestionar no sólo las metáforas, sino también otros aspectos del lenguaje (además de la atención espacial, los números y los datos autobiográficos, como la imagen que tenemos de nosotros mismos). Cuando escaneé los

cerebros en las pruebas de lectura, en las tareas que miden la capacidad creativa o las habilidades de mentalización de las personas
enamoradas esa zona se iluminó como árbol de Navidad, lo cual
podría explicar por qué realizan su trabajo más rápido (en comparación con un grupo de control que dice estar "fuera" del amor apasionado o tener una relación amistosa con su pareja). ¿Será ésta la fuente
de energía secreta del amor?

Llegar a casa

Quizá ni siquiera necesitaba hacer un análisis de resonancia magnética ni ninguna otra investigación científica para entender el concepto de autoexpansión o los efectos benéficos del amor en la mente. Me
bastaba con mirar mi propia relación. Lo que John y yo experimentamos fue nada menos que una metamorfosis cognitiva: una profunda
expansión de nuestro concepto de quiénes éramos que empezó a incluir a la otra persona, tal como los Aron habían predicho.

Como nunca había estado enamorada antes de conocer a John,
y ni siquiera había tenido un novio serio, me preguntaba qué tan
extraño resultaría que nos fuéramos a vivir juntos. Pero lo más extraño era lo natural que se sentía. Aunque había pasado 37 años sola
y de repente me encontré compartiendo mi cama con alguien cada
noche, no necesité un periodo de adaptación. No me sentí como si
hubiera invadido la vida de otra persona. Me sentí por fin en casa.

Antes de mi llegada, John había preparado meticulosamente sus
armarios y había vaciado un par de cajones para mí, pensando que
habría espacio suficiente. En realidad, había subestimado la cantidad
de zapatos que tenía. Aproveché el espacio y deseché toda la ropa
que no cabía. Ya no necesitaba nada más para ser feliz. Lo tenía a él.

Muchas personas en una relación desean cierta distancia "saludable" entre ellas: una persona independiente en el trabajo y otra

en el hogar. Se cansarían el uno del otro si pasaran juntos todas las horas del día. Pero nosotros sentíamos que habíamos pasado demasiado tiempo sin el otro como para perder un minuto más separados. Nuestro apetito por estar juntos parecía insaciable: corríamos juntos, lavábamos la ropa juntos, íbamos a comprar comida juntos, nos cepillábamos los dientes juntos.

Y, por supuesto, trabajábamos juntos. Me uní a John en la facultad de la Universidad de Chicago, donde me convertí en directora del Laboratorio de Dinámica Cerebral y en profesora adjunta de neurociencia del comportamiento en el Departamento de Psiquiatría de la Facultad de Medicina Pritzker de la universidad. John y yo nos adaptamos a una existencia increíblemente cercana, escribiendo artículos, siendo mentores de los mismos estudiantes de posgrado, compartiendo oficina (LOS CACIOPPO decía la puerta), e incluso compartiendo escritorio. Compramos una perra shar pei llamada Bacio ("beso" en italiano), a la que le gustaba acurrucarse bajo nuestros pies mientras trabajábamos.

Ambos habíamos sido extraordinariamente productivos como científicos independientes. Sin embargo, descubrimos que trabajando juntos podíamos establecer nuevas conexiones y aportar ideas con mayor rapidez. Nos sentíamos más motivados que nunca, más abiertos a nuevas colaboraciones y nuevos paradigmas de investigación. Sin embargo, mientras avanzaba nuestra relación tan estrechamente cercana, nos dimos cuenta de que los colegas a menudo no lo entendían. A veces sentía un escalofrío por parte de otros profesores, que me miraban con recelo por mi diferencia de edad con John, o por el hecho de compartir la oficina con él, o por haber decidido usar su apellido.

Aunque tenía más de cincuenta publicaciones con mi apellido de soltera, Ortigue, me encantaba el apellido Cacioppo, pues me recordaba a la parte italiana de mi familia, a la que siempre me he sentido cercana. Llámenme anticuada, pero me pareció un gesto romántico usar su apellido. Para mí, no tenía nada que ver con sexismo: si John hubiera sido una mujer y hubiéramos tenido una relación, seguramente también yo hubiera usado el apellido de mi esposa. La gente me decía que eso perjudicaría mi carrera, que sería un mal ejemplo para otras mujeres académicas. ¿Por qué el apellido que elige una persona debe tener un efecto en la percepción sobre su trabajo? Fue entonces cuando me di cuenta de algo doloroso, algo que las personas con más experiencia en el mundo del romance conocen bien: aunque sólo haya dos personas en una relación, sus opiniones no son las únicas que importan.

Después de ver cómo mis ideas para experimentos novedosos eran destrozadas por mis nuevos colegas durante las reuniones de laboratorio, John y yo decidimos llevar a cabo un experimento secreto. En la siguiente reunión, él presentaría una de mis ideas de estudio como si fuera suya. Me quedé atónita al ver que los mismos colegas que antes habían despreciado mi trabajo ahora lo alababan hasta límites celestiales.

—Me alegro de que les haya gustado —dijo John—. Pero en realidad deberían decírselo a Steph, ya que fue a ella a quien se le ocurrió.

En un momento dado, decidimos dejar de preocuparnos por lo que pensaban los demás. No permitiríamos que nadie interviniera en el guion de nuestra historia de amor, que nos etiquetaran o que nos obligaran a relegar nuestra relación al ámbito privado. Mucha gente tiene ideas sobre el lugar apropiado del amor. Pensemos en el viejo cliché sobre los "tontos enamorados", que sugiere que, de alguna manera, las personas que mantienen una relación apasionada siempre tienen la cabeza en las nubes y sólo piensan en sí mismas. Varios estudios demuestran que eso no es remotamente cierto. El amor agudiza nuestra mente, mejora nuestra inteligencia social y juntos nos hace más creativos de lo que podríamos esperar si estuviéramos solos.

9
En la salud y en la enfermedad

Ten el suficiente coraje para confiar en el amor una vez más
y siempre una vez más.
—Maya Angelou

Recuerdo que los rayos del sol iluminaban tanto nuestra oficina que parecía que estábamos de vacaciones, como si fuera la Riviera francesa en lugar del lago Michigan. Era el año 2015. Nos habíamos mudado de una bonita y acogedora casa en el frondoso distrito histórico de Chicago, donde John había vivido durante muchos años, a un espacioso apartamento nuevo frente a Lincoln Park. El edificio parecía un sueño, con una entrada de columnas doradas y un elegante vestíbulo diseñado por el arquitecto francés Lucien Lagrange. Me recordaba un poco a París, y parecía más un hotel que un apartamento, con porteros y guardias de seguridad amables que nos hacían sentir seguros y atendidos. Lo compramos casi por capricho, después de que John me sorprendiera un domingo ocioso sugiriendo que le echáramos un vistazo. Se sintió tan acorde con nuestra espontánea vida nueva juntos, que nos enamoramos de él, así que lo compramos y nos mudamos.

John ya había superado el punto en el que se preocupaba por la forma en que los demás pudieran juzgarlo, o por mantener un "estatus" de académico. Había pasado la mayor parte de su vida viviendo para los demás; ahora quería disfrutar su auténtico yo. Recientemente le había echado el ojo a un elegante coche deportivo de dos plazas, y realizó una prueba de manejo; fue el equivalente automovilístico del amor a primera vista.

La gente que no lo conocía suponía que había elegido ese coche para presumir porque estaba atravesando la crisis de la edad madura, pero a John tan sólo le encantó el auto, amaba su belleza y su potencia. Pocas veces lo vi más feliz, más sonriente, que cuando íbamos solos por la autopista y pisaba el acelerador (respetando el límite de velocidad, claro) y dejaba rugir aquel espectacular motor. Además, sabía lo mucho que a *mí* me gustaba.

Habían pasado cuatro años desde nuestra boda, cuatro años de estar felizmente, apasionadamente y productivamente enamorados. Seguíamos trabajando tan duro como siempre; al fin y al cabo, la ciencia era la base de nuestra relación, la fascinación que compartíamos y que lo provocaba todo. Pero también sabíamos divertirnos. Nuestra investigación nos hizo populares en el circuito de conferencias. Los directores generales nos llevaban a eventos corporativos en aviones privados; nuestras agendas se llenaban con las giras de libros y las ceremonias de entrega de premios de John. Asistimos a eventos científicos en la Casa Blanca y en los Institutos Nacionales de Salud. Hicimos consultas sobre el amor o la soledad para empresas de la lista Fortune 500, la NASA, el Centro para el Control y la Prevención de Enfermedades y el ejército estadunidense.

Habíamos estado tan ocupados desde los primeros días de nuestro matrimonio que nunca encontramos tiempo para irnos de luna de miel, así que decidimos que lo celebraríamos de una manera pequeña y sencilla cada día: brindando con nuestra taza de café matutina, viendo un programa de cocina o de deportes, saliendo a correr por el lago o jugando al tenis juntos. Cuando reservábamos un viaje o una cena, si alguien nos preguntaba si estábamos festejando una ocasión especial, nunca dejábamos de responder:

—¡Nuestra luna de miel!

—¡Felicidades! —decía el camarero o la azafata—. ¿Cuándo se casaron?

—Hace cuatro años.

Todo el mundo se reía. Puede sonar sensiblero, pero sinceramente creo que la mayoría de la gente que nos conoció encontraba nuestra historia de amor inspiradora. Nos habíamos convertido en la prueba viviente de nuestra ciencia, y de alguna manera conseguíamos que lo esperado fuera inesperado; cultivábamos el misterio e introducíamos momentos sorprendentes en nuestra vida diaria. John me sorprendía a menudo dejando pequeñas notas amorosas en mi teclado. Yo me levantaba temprano para sorprenderle a su vez, dejando una nota adhesiva en el espejo del baño: *Yo te amo más*.

Los desamores de John, mi soledad de toda la vida, el modo en que todo ello se relacionaba con nuestra investigación sobre los peligros del aislamiento y la necesidad de la conexión social, convirtieron nuestra relación en algo que se sentía más grande que nosotros. Creo que, para algunas personas, cuando pensaban en el amor verdadero, era en nosotros en quienes estaban pensando.

Aquel día soleado en nuestro apartamento había empezado como cualquier otro. Estábamos sentados en una esquina de nuestra oficina en casa; la habíamos construido a la medida para pasar todos los días juntos. Un póster enmarcado en la pared decía PARÍS SIEMPRE ES UNA BUENA IDEA, recordándonos nuestra boda improvisada. Bacio estaba acurrucada bajo los pies de John, como siempre.

No teníamos nada especial planeado para ese día. Esperaba que, después de nuestras doce o trece horas de trabajo habituales, hiciéramos ejercicio, tomáramos una copa en el balcón, luego John preparara la cena y laváramos los trastes juntos. Tal vez después veríamos la puesta de sol, sentados en nuestros sillones de piel frente a un ventanal, mientras los aviones se reunían sobre el lago, esperando la señal de autorización para aterrizar en el Chicago O'Hare.

En momentos como éste, a menudo pensaba en una cita del gran aviador y escritor Antoine de Saint-Exupéry: "El amor no consiste en mirarse el uno al otro, sino en mirar juntos en la misma dirección".

Ésta no era la idea de una vida de ensueño para todos, pero era la nuestra. Y entonces, en un chasquido de segundos, se desmoronó. El teléfono de John sonó. Recuerdo haber pensado que era extraño porque pasaron varios minutos sin que dijera una palabra. Se limitaba a escuchar. Y entonces se volvió hacia mí con lágrimas en los ojos y dijo: "Lo siento".

Él había pensado que ese extraño y persistente dolor en la mejilla era un simple dolor de muelas. Tenía un umbral de dolor inusualmente alto, casi nunca se quejaba, así que me preocupé cuando siguió hablando de lo mucho que le estaba molestando. Al cabo de un par de semanas, fuimos a su médico, que pensó que no era nada grave, y le dijo que viera a un dentista. Sin embargo, el dentista tampoco podía explicarlo, y el dolor persistía. Finalmente, acudimos a un otorrinolaringólogo, que decidió hacer una tomografía. Sólo como una precaución. El médico nos llamaría si salía mal. Y entonces recibimos la llamada.

Nuestra primera respuesta fue muy emocional: lloramos, nos abrazamos. Pero luego, en la primera hora, nuestra formación como científicos se puso en marcha. Hicimos una revisión de lo publicado al respecto, aprendimos todo sobre el raro tipo de cáncer que tenía John (de la glándula salival, en etapa IV), las probabilidades de que estuviera vivo un año después del diagnóstico (terriblemente pequeñas), las nuevas terapias desarrolladas que ofrecían leves esperanzas. La oncóloga de nuestro hospital local nos dijo que buscáramos un especialista.

—Realmente no tengo ni idea de qué hacer con esto —aseguró.

Su sinceridad fue admirable, aunque no precisamente reconfortante. Nos envió a casa con una carpeta llena de material sobre cómo afrontar el estrés y encontrar apoyo social. John me miró raro.

—Oh, genial —dijo John—, tarea de psicología.

—¿Tal vez citan nuestra investigación? —ambos soltamos una carcajada. ¡Al menos podíamos reírnos en esos momentos!

Finalmente encontramos un equipo de médicos increíble en el Centro Médico de la Universidad de Chicago. Un oncólogo de renombre mundial, el doctor Everett Vokes, trataría a John, y una cirujana condecorada del ejército estadunidense, la doctora Elizabeth Blair, realizaría la operación. Esta pareja había aparecido en los titulares internacionales por haber salvado la vida del chef Grant Achatz (y su sentido del gusto) después de que se le diagnosticara un tipo de cáncer de lengua. Sentimos un destello de confianza, a pesar del sombrío diagnóstico, una sensación de que si trabajábamos duro, si juntábamos nuestras mentes y corazones, y aprovechábamos todas las conexiones científicas que teníamos, podríamos superar el desafío.

La doctora Blair se cubrió la boca con la mano cuando vio la tomografía de John: lo grandes que eran sus tumores y cómo el cáncer se había extendido a varios ganglios linfáticos. No endulzó las posibilidades ni el riesgo de la operación que estaba proponiendo. Sabía que éramos colegas científicos.

—Es lo que es —dijo, pero nos aseguró que haría todo lo posible.

Fuimos a la playa el día previo a la operación para hacer algunas fotos del "antes" de la cara de John. No sabíamos qué le haría la cirugía, ¿perdería un ojo?, ¿se le paralizaría el rostro? John intentaba pensar en todo. Esperábamos lo mejor, pero planeábamos sobre lo peor, adaptando un mecanismo de afrontamiento llamado "pesimismo defensivo", propuesto por la psicóloga social Nancy Cantor.

Justo antes de ir al hospital, lo vi recorrer el apartamento y juguetear con el temporizador de las velas eléctricas que teníamos. Las estaba programando para que se encendieran al día siguiente, de modo que si, Dios no lo quisiera, no sobrevivía a la operación, yo llegaría a casa y vería la luz.

La operación se alargó por ocho horas. La doctora Blair se veía exhausta cuando entró en la sala de espera para decirme que todo había salido bien. Pudo abrir la mejilla de John y extirpar el cáncer de la glándula salival mientras pasaba el bisturí alrededor de los nervios y los músculos de la cara, preservando su visión y sus rasgos. Con unos cuantos trazos de su pluma, dibujó los contornos de la intervención. Yo nunca había visto algo tan aterradoramente bello.

Enviaron a John a casa con un tubo de drenaje cerca de la incisión para evitar la acumulación de líquidos y un monóculo para proteger su ojo. Parecía un androide de ciencia ficción, pero a John no le importaba su aspecto. Decidió que pasaría el primer día en casa después del hospital jugando al billar con su hermano en el salón de nuestro edificio, y se limitaba a sonreír cada vez que alguien lo miraba fijamente.

A pesar de lo poco que le importaba su apariencia, le inquietaba la posibilidad de no recuperar la función de sus músculos faciales, tan importantes para su capacidad de transmitir emociones. John había trabajado con electromiografía, una técnica que registra la actividad de los músculos, que había utilizado para analizar las expresiones faciales en sus experimentos. Conocía los nervios faciales como la palma de su mano. Y se sentaba en la cama todas las noches mientras se recuperaba, practicando para recuperar su función nerviosa: parpadear, fruncir el ceño, sonreír.

—Creo que está volviendo —me decía.

Al cabo de unos meses, John había recuperado toda la función de los músculos faciales y la operación apenas había dejado rastro, sólo una ligera asimetría que prácticamente no se notaba. Incluso nos hicimos un retrato del "después" para contrastar nuestras fotografías de la playa.

Al igual que con Grant Achatz, el doctor Vokes trató de aumentar las posibilidades de supervivencia de John sometiéndolo a una "trilogía": primero la cirugía, luego una doble sesión de quimioterapia

y radiación durante siete semanas seguidas. Eso significaba que teníamos que vivir en el hospital. Nos vestí con batas a juego y acon-
dicioné la habitación del hospital con fotos personales, velas, una
pequeña mesa auxiliar y los cojines de casa. Me acostumbré a lim-
piar nuestro espacio privado todos los días y a rociar un desinfectan-
te, mi forma de proteger a John en su estado de inmunodeficiencia.
A las enfermeras les encantaba el ambiente de la habitación, sobre
todo el agradable aroma.

—¿Eso es Chanel? —preguntó una de ellas, al oír mi acento
francés.

—No —respondí, riendo—, es Lysol.

El hospital universitario estaba a sólo una cuadra de mi salón
de clases, así que podía ir caminando desde el hospital a dar clases y
luego volver para estar con John durante el resto del día y la noche.
Las enfermeras sabían que las "horas de visita" no se aplicaban para
mí. Éramos inseparables. Al principio dormía en la silla junto a la
cama de John, pero finalmente me pusieron un colchón, junto al de
John, pero pronto me trasladé a su cama. Cuando la enfermera pasaba a las cuatro de la mañana, a menudo nos preguntaba:

—¿Quién es el paciente? —era una broma, pero no estaba lejos
de la verdad. Esto nos estaba pasando a los dos.

Cuando John podía, se sentaba para escuchar mi clase mientras
recibía quimioterapia. Estaba demasiado débil para participar, pero
el sonido de la neurociencia resonando en la sala de conferencias
lo hacía sonreír y su presencia inspiraba a mis alumnos. Una vez,
justo a la mitad de la trilogía, John insistió en dar una conferencia
que había programado antes del diagnóstico. Ninguno de nuestros
colegas lo había visto desde que empezó el tratamiento, y se quedaron
atónitos al ver su rostro demacrado y su cuerpo esquelético. Pero
él hizo una broma al respecto y lo superó. El doctor Vokes también
asistió. Pensé que era porque tenía curiosidad por la neurociencia,
pero después supimos que estaba allí porque temía que John no

pudiera terminar su charla. Estaba padeciendo mucho dolor, pero no se percibía a simple vista. Después, le pregunté a John por qué se tomaba todas esas molestias.

—¿Por qué quieres pasar por todo esto? ¿Por qué no conservas tus fuerzas?

Pensé que lo hacía por nuestros amigos y alumnos: quería que vieran que estaba bien, quería que se sintieran inspirados por su resistencia y por demostrar que algo así fuera posible. Me miró, algo confundido.

—No, no es eso —dijo—. Lo hice por ti.

Acurruqué mi cabeza en su pecho y lloré. *Lo hice por ti.* En ese momento, comprendí una de las diferencias entre la pasión que podemos tener por nuestro trabajo y el amor que sentimos por una persona importante. Puede que estas cosas compartan una base neuronal, que iluminen regiones similares del cerebro. Pero si yo hubiera sido tan sólo una neurocientífica solitaria y sin compromiso, enamorada de su trabajo, que se enfrentaba al brutal diagnóstico de John, a todo ese dolor y sufrimiento, no hubiera tenido la fuerza. ¿Por quién estaría luchando? Eso puede sonar duro, pero también es realista. Sin embargo, por John, haría cualquier cosa, iría hasta el fin del mundo, soportaría todo el dolor que alguien pueda soportar, incluso daría mi vida. Este hecho me hizo darme cuenta de la diferencia significativa entre el amor y la pasión que tenemos por nuestro trabajo o alguna otra actividad que es una parte nuclear de nuestra identidad. Si bien esto último puede definir a algunas personas o darles un sentido de propósito, puede no ser suficiente para que sigan luchando batallas como ésta.

Me di cuenta, antes de que fuera demasiado tarde, de que la identidad personal no puede basarse únicamente en el trabajo, que necesitamos amar a los demás para sobrevivir.

Amar para tener un buen cuerpo

Hubo varios momentos, durante el brutal tratamiento de John, en los que me pregunté si nuestro amor había jugado un papel en su protección. No se trataba de ningún tipo de pensamiento ilusorio y mágico. Cada vez son más las investigaciones de la neurociencia social y otros campos que demuestran que el amor nos hace literalmente más fuertes,[1] no sólo emocional y cognitivamente, como ya hemos descubierto, sino también físicamente.

En comparación con las personas solteras,[2] las que mantienen relaciones románticas sanas y satisfactorias a largo plazo duermen mejor, tienen una mejor función inmunitaria, muestran menos comportamientos adictivos, sufren menos accidentes cerebrovasculares recurrentes, incluso tienen una mejor tasa de supervivencia para algunas enfermedades (incluyendo algunos cánceres).

Si bien el incremento de algunos de estos índices de supervivencia puede atribuirse al hecho de tener a otra persona cuidando de ti, las investigaciones han demostrado que las personas que tienen una relación pueden ayudar a sus parejas a detectar antes el cáncer de piel, por ejemplo, llamando su atención sobre un lunar sospechoso.

Sin embargo, contar con una pareja no puede explicar por qué las personas que tienen una relación amorosa registran mejores tasas de supervivencia después de las cirugías de alto riesgo. Un estudio realizado en 2012 examinó a doscientos veinticinco adultos que se habían sometido a una revascularización coronaria. Sorprendentemente, los investigadores descubrieron que los pacientes casados tenían 2.5 veces más probabilidades de seguir vivos[3] quince años después de la operación que los pacientes solteros que se habían sometido al mismo procedimiento. Y no se trataba sólo de la presencia física diaria de otra persona. Los que habían calificado su matrimonio como "muy satisfactorio" tenían una tasa de supervivencia aún mayor: 3.2 veces más que los solteros.

Los experimentos de laboratorio nos ayudan a entender el "por-qué" de estas impresionantes estadísticas. Cuando los investigado-res monitorizan los signos vitales de las parejas[4] mientras discuten los problemas de su relación, pueden ver una clara evidencia de que cuanto mayores son la calidad y la satisfacción de la relación, mejo-res son los signos vitales. Y cuanto más reacciona nuestro sistema cardiovascular a factores de estrés como las discusiones conyugales, más susceptibles somos de padecer *aterosclerosis*, que es el proceso biológico subyacente a muchos tipos de enfermedades cardiacas. Esta idea reciente está en consonancia con un amplio conjunto de investigaciones sobre los beneficios del amor romántico para la sa-lud. Por ejemplo, a finales de la década de 1970, un estudio con diez mil hombres demostró que si se sentían amados y apoyados por su pareja tenían un menor riesgo de sufrir dolor en el pecho (o angina), incluso en presencia de factores de alto riesgo.

El amor no sólo tiene un efecto calmante sobre el estrés, sino que también favorece la curación. Cuando Janice Kiecolt-Glaser, psicóloga clínica y profesora de medicina en la Universidad Estatal de Ohio, les causó a las parejas diminutas ampollas en los brazos[5] y luego les pidió que se hablaran de forma amorosa y solidaria, o que conversaran sobre un conflicto reciente, ella y sus colegas descu-brieron que las heridas de las parejas que actuaban de forma más amable y amorosa se curaban un 60 por ciento más rápido. En otro estudio, también descubrieron que las parejas con interacciones más positivas (y cuyas heridas se curaban más rápido) tenían mayo-res niveles naturales de oxitocina en la sangre.[6] Este descubrimiento exhibe la poderosa conexión entre la oxitocina y el sistema inmu-nitario, que apoya indirectamente nuestra hipótesis sobre el poder curativo del amor. Prevenir o reducir la inflamación es importante a la luz de las recientes investigaciones que señalan que la inflama-ción sistémica podría estar asociada a un mayor riesgo de cáncer y enfermedades cardiovasculares.

No sólo hay pruebas de que las personas que mantienen relaciones sanas reducen el riesgo de padecer enfermedades nocivas y promueven la curación, sino que también sienten literalmente menos dolor cuando su pareja los toca o cuando, incluso, está en la misma habitación. Por eso supe que nunca podría separarme de John durante el tratamiento, y me sentí muy agradecida por tener el trabajo y el sistema de apoyo que me permitieron tomar esa decisión. Estar con tu pareja cuando está sufriendo es algo más que un bálsamo psíquico: en realidad cambia la realidad biológica de cualquier experiencia médica por la que esté pasando. Cuando se enciende la red del amor, se activan los centros de recompensa del cerebro, liberando oxitocina y una cascada de otras hormonas, neuroquímicos y opiáceos naturales que ayudan a nuestro cuerpo a sanar y a nuestra mente a afrontar el dolor.

Una de las formas más poderosas de activar el poder analgésico del amor es a través del contacto físico. Cuando el neurocientífico James Coan, de la Universidad de Virginia, administró pequeñas descargas eléctricas a participantes que mantenían relaciones sanas y comprometidas, descubrió que aquellos que tomaban las manos de su pareja[7] experimentaban un dolor significativamente menor, no sólo en cuanto a la *percepción* que tenían de ese dolor, sino que, según los escáneres de resonancia magnética funcional, también tenían menos actividad neuronal en partes del cerebro que registran las amenazas, como el hipotálamo.

Lo fascinante fue que, en las relaciones *problemáticas*, este efecto protector desapareció por completo; las mujeres infelizmente emparejadas experimentaron tanto dolor de la mano de sus parejas como si estuvieran completamente solas. Estos resultados son coherentes con las teorías sobre cómo las relaciones sociales de apoyo reducen la respuesta al estrés[8] en el sistema nervioso autónomo del cuerpo, que regula la función saludable de nuestros órganos internos.

Toda esta investigación demuestra el potencial curativo del amor, así como la importancia de la *calidad* y la *satisfacción* en todas nuestras relaciones. El hecho de marcar la casilla de "casado" al rellenar los formularios, o de compartir la cama con alguien cada noche, no significa en sí mismo absolutamente nada para el cerebro y el cuerpo, o al menos no mucho. Más bien es la *naturaleza* de la conexión entre tú y tu pareja la que determina si van a cosechar los beneficios del amor para la salud.

Una llamada de auxilio del cerebro

Cuando se trata de nuestro bienestar físico, el poder del amor no constituye una cura, sino una prevención. Resulta que una de las cosas más importantes del amor es protegernos de los estragos de la soledad crónica, ese estado de privación social[9] cuyos peligros para nuestra mente y nuestro cuerpo descubrió John en su investigación pionera.

Lo primero que hay que saber sobre la soledad es que, aunque duele, está diseñada para ayudarnos, como un sistema de alarma. La evolución ha esculpido el cerebro humano para que responda a unos mecanismos biológicos llamados *señales aversivas*. Algunas de ellas las experimentamos a diario. El hambre, por ejemplo, se desencadena cuando el nivel de azúcar en la sangre es bajo y nos motiva a comer. La sed nos ayuda a encontrar agua antes de deshidratarnos. El dolor también es una señal aversiva: nos ayuda a evitar daños en los tejidos y nos anima a cuidar el cuerpo físico.

John descubrió que la soledad también forma parte de este sistema de alarma biológico. Pero nos alerta de las amenazas y los daños a nuestro cuerpo *social*. La soledad aumenta nuestra motivación para relacionarnos con los demás: es la forma que tiene el cerebro de decirte: *Estás en peligro social, estás en la periferia del grupo, necesitas protección, inclusión, apoyo y amor.*

Aunque el dolor de la soledad está destinado a ayudarnos a buscar o reparar conexiones sociales significativas, irónicamente, su efecto inmediato es hacernos hipervigilantes ante las amenazas sociales. John y yo llamamos a esto la "paradoja de la soledad".

Pensemos en una mujer de la prehistoria, aislada de la tribu, sola y asustada, vagando por la selva. *¿En quién puede confiar? ¿Cómo puede encontrar el camino de vuelta? ¿Dónde reside exactamente el peligro?* Este estado de vigilancia social intensificada es muy útil si se trata de encontrar el camino de regreso a casa en un entorno hostil. Pero ¿qué pasa si estás solo en tu apartamento, mirando tu teléfono, sintiéndote así noche tras noche? Es entonces cuando la soledad pasa de ser un salvavidas a un destructor.

En especies sociales, que van desde la mosca de la fruta hasta el ser humano, el aislamiento social disminuye la esperanza de vida. Los científicos solían creer que los comportamientos riesgosos y dañinos en los que las personas solitarias participaban eran los responsables de su mala salud. Pero cada vez hay más pruebas de que la soledad en *sí misma* (y no las cosas que hacen las personas solitarias) tiene efectos perjudiciales para nuestra salud por la forma en que cambia la química de nuestro cerebro y pone en marcha una cascada de trampas biológicas.

Un metaanálisis de setenta estudios con más de tres millones de participantes a los que se hizo un seguimiento durante una media de siete años demostró que la soledad aumentaba las probabilidades de una muerte prematura[10] entre 25 y 30 por ciento, casi el mismo nivel que la obesidad. Pero, a diferencia de la obesidad, se sabe muy poco sobre cómo la soledad mata y qué podemos hacer para protegernos.

Cuando observamos las características de las personas solitarias, vemos que en realidad hay muy poco que las distinga. No parecen diferentes: no pesan más o menos que los que no están solos; son igual de altos, igual de atractivos, igual de educados. Tal vez lo más sorprendente sea que pasan más o menos el mismo tiempo con otras personas y son igual de hábiles para desenvolverse en el mundo social. En otras palabras, a las personas solitarias no les pasa absolutamente nada malo, salvo lo que sienten por sus relaciones o por la falta de ellas.

John siempre puso énfasis en que el sentimiento de soledad es una medida *subjetiva* del aislamiento. Puedes estar casado y sentirte solo. Puedes estar en una fiesta y sentirte solo, incluso con un centenar de amigos (las redes sociales también son un tipo de fiesta en la que es fácil sentirse solo). Por el contrario, puedes estar soltero y no tener amigos, puedes ser un monje flotando solo en el espacio exterior, y *no* sentirte solo. El sentimiento de soledad suele producirse cuando las personas están insatisfechas con su relaciones y sus *expectativas* de conexión social no están a la altura de la realidad que perciben. Anhelas compañerismo, alguien que te entienda, que te *comprenda* y no lo encuentras en ninguna parte.

La soledad es un lugar peligroso, pero alberga una población enorme y creciente. En todo momento, alrededor de 20 por ciento de la población de Estados Unidos (sesenta millones de personas) declara sentirse tan solo[11] que eso es una fuente importante de infelicidad en sus vidas. Y estas personas no sólo sufren un dolor psicológico, sino que también corren un riesgo físico. La soledad crónica acelera el proceso de envejecimiento.[12] Inunda el cuerpo de hormonas del estrés, provocando un sueño más corto y menos reparador. Afecta a la salud del corazón, aumenta el riesgo de accidente cerebrovascular y se ha relacionado con el alzhéimer. La soledad tiene el poder de alterar la transcripción del ADN en las células del sistema inmunitario, lo que puede hacer que las vacunas administradas a personas solitarias sean menos eficaces.

Muchos de estos riesgos para la salud se producen porque el cuerpo ha pasado a un modo de supervivencia que favorece la conservación a corto plazo. Intenta pensar en la soledad crónica como un mal funcionamiento del sistema de alarma del cerebro social. Estar solo es tener la alarma sonando todo el día, todos los días. Incluso cuando tu familia y tus amigos llaman a tu puerta, esa molesta alarma sigue resonando en tu cabeza, tratando de alertarte de un peligro inexistente, como si las personas que quieren ayudarte en realidad estuvieran tratando de hacerte daño. En este estado, cuando un buen amigo te hace una simple pregunta: "¿Estás bien?", puedes pensar que está insinuando que no lo estás.

Cuando la alarma se dispara, no sólo te hace más vigilante ante los posibles riesgos sociales, sino que también activa las medidas de seguridad. El principal detector de amenazas de tu cerebro, la amígdala, se enciende. Dirige la energía a las cámaras de seguridad del cerebro, regiones que controlan nuestra visión y atención.

Con el sistema de seguridad en sobremarcha, incluso un ligero olor a humo significa ¡FUEGO! Así que el cerebro activa innecesariamente sus aspersores, realizando ajustes tónicos en su sistema neuroendocrino y desencadenando la respuesta de lucha o huida del cuerpo. Los vasos sanguíneos se expanden; la energía inunda el tejido mieloide en la médula ósea; los niveles de la hormona del estrés, el cortisol, se disparan. Aunque toda esta actividad inflamatoria está diseñada para ayudarte, en realidad es lo que te perjudica con el tiempo, lo que hace que las personas solitarias tengan una presión arterial más alta, una inmunidad viral más baja, peores hábitos de sueño, más tendencias depresivas y más susceptibilidad al comportamiento impulsivo.

Lo complicado de la soledad es que, hasta cierto punto, se refuerza a sí misma. Cuanto más creas que estás solo, más lo estarás. Tu mente puede ser el lugar más solitario de la Tierra, *si* tú se lo permites.

En mis experimentos, he demostrado que las personas solitarias captan mucho más rápido las palabras sociales con carga negativa (como *hostil* y *no deseado*) que las personas no solitarias.

La cuestión es que, una vez que estamos hiperalertas al riesgo social, empezamos a verlo en *todas partes*. ¿Alguna vez has aprendido una palabra nueva y la has visto aparecer inesperadamente ese mismo día en un libro o en una conversación? No es una coincidencia: la palabra aparece con la misma frecuencia que antes de aprenderla. Sólo que ahora estás prestando atención. El mismo proceso alimenta el ciclo de la soledad. Si te sientes solo y te inclinas a ver a tus amigos como enemigos, empezarás a notar más señales que demuestran tu punto de vista. Cuando nos sentimos solos, nos volvemos prejuiciosos y nos centramos más en nosotros mismos... lo cual no es exactamente el estado de ánimo más adecuado para hacer amigos o encontrar una pareja romántica.

Si nos sentimos solos y alguien nos mira de forma extraña o nos dice algo incómodo, somos más propensos a ofendernos, a sentirnos rechazados y a "protegernos" de ese rechazo descartando a la persona como posible pareja. Nuestro estudio longitudinal sobre adultos mayores descubrió que la soledad aumentaba los niveles de egocentrismo.

Las personas solitarias no sólo son más propensas a centrarse en sí mismas, sino que también tienen un control menos firme de la realidad social. Son más propensas a antropomorfizar animales y objetos inanimados: atribuyen cualidades humanas a las mascotas y tienden a ver caras en las nubes. Pensemos en la película *Náufrago*, en la que el personaje de Tom Hanks, varado en una isla desierta, encontró un compañero en una pelota de voleibol y la llamó Wilson.

¿Por qué ocurren este tipo de cosas? Cuando nos sentimos solos, hambrientos de conexión social, nuestro lóbulo parietal se desequilibra, lo que provoca una sobreestimulación en las áreas cerebrales a las que está conectado, incluyendo aquellas que almacenan e interpretan las caras y los cuerpos. El resultado es que estamos tan sedientos de conexión humana que nuestra mente crea literalmente espejismos sociales.

El club de los corazones solitarios

Mientras sostenía la mano de John durante la quimioterapia y dormía a su lado en la pequeña cama del hospital, pensé mucho en la soledad... y en lo mucho que el amor nos protegía de este asesino silencioso. John ya se enfrentaba a un problema de salud devastador, un enemigo invisible: el cáncer. Pero ¿y si se hubiera enfrentado a otro enemigo invisible, la soledad? Si no hubiera tenido apoyo social (no sólo mío, sino también de nuestras familias y amigos) durante la operación y el tratamiento, no estoy segura de que hubiera podido llegar al otro lado.

Sin embargo, me preguntaba cómo las personas que no tenían la suerte de tener relaciones sanas podían evitar los numerosos riesgos del aislamiento social. ¿Podrían las personas solas, solteras, o las que están infelizmente emparejadas, encontrar una forma de defenderse?

Sí, pero para luchar contra la soledad uno tiene que estar dispuesto a identificarse como solitario. Si te sientes constantemente insatisfecho y frustrado con tu relación de pareja y tu vida social, si sientes que te falta compañía, no lo dejes pasar. Ese sentimiento es peligroso.

Lo siguiente que debes hacer es *no* confiar en tu mente solitaria. Como nos recuerda Wilson, la soledad puede jugarnos malas pasadas para contrarrestar nuestros sentimientos de aislamiento social. Sin embargo, la soledad también puede hacer que evitemos o ahondemos demasiado en el mismo contacto social del que estamos necesitados. Así que ten en cuenta eso en tus expectativas sociales. Y entiende que, cuando te sientes solo, puedes estar menos dispuesto a conceder a alguien el beneficio de la duda. También es posible que subestimes los beneficios de una conexión social.

Un colega de la Universidad de Chicago, el psicólogo Nicholas Epley, ha descubierto que las personas subestiman el significado y la alegría que obtendrían al entablar una conversación con un desconocido,[13] y por eso lo evitan. No te sorprenderá descubrir que las personas solitarias, en particular, tienden a subestimar la relevancia de cualquier interacción social.

Antes de conocer a John, había pasado toda mi vida adulta como soltera. Aunque a veces me sentía estigmatizada por elegir estar sola y recibía muchos consejos bienintencionados, pero insistentes, sobre cómo "conocer gente", creo que nunca me sentí realmente sola. Eso se debe a que desde muy joven no esperaba tener pareja, así que me sentía satisfecha con mi realidad social.

Objetivamente hablando, estaba sola, pero subjetivamente hablando no me sentía sola. Recuerda que al cerebro no le importan las etiquetas. Lo que le beneficia, lo que *necesita*, es una rica conexión con otra persona, o con algo más. No importa cuántos vínculos tengas o cómo espera la sociedad que éstos sean; lo importante para tu bienestar físico y psicológico, en última instancia, es la calidad de esas conexiones sociales.

Cómo luchar contra el sentimiento de soledad

Es muy difícil encontrar una receta para evitar el sentimiento de soledad, pero durante el aislamiento social forzoso que supuso la pandemia de coronavirus todo el mundo me pidió una recomendación, desde el doctor Sanjay Gupta de la CNN hasta mi vecina de 80 años, pasando por atletas profesionales y extraños. Mis sugerencias se redujeron a "GRACYA".

GRACYA son las siglas de *gratitud, reciprocidad, altruismo, capacidad de elección y alegría,* y estos conceptos revelan cómo una persona puede cuidar de su cuerpo social, incluso durante los periodos de aislamiento, cuando la red del amor se apaga y somos especialmente susceptibles a los peligros de la soledad. A continuación, abordaremos cada una de ellas.

Gratitud. Las personas solitarias no suelen sentirse especialmente agradecidas por su suerte en la vida. Sin embargo, intenta pensar en aquellas cosas por las que estás agradecido. Puede tratarse de tu familia, de tu perro, de tu salud, del clima o incluso de ti mismo (por superar cada día). Intenta escribir todos los días cinco cosas que realmente aprecias.[14] Los estudios demuestran que estos sencillos ejercicios pueden mejorar significativamente el bienestar subjetivo y reducir la sensación de soledad.

Reciprocidad. Lo peor que puedes hacer a una persona solitaria es intentar *ayudarla*. Si conoces a alguien que se siente solo, pídele que te ayude *a ti*. Que te muestre respeto, que dependa de ti, que te haga comprender tu propia importancia... todas estas cosas pueden brindarle a una persona solitaria una sensación de valor y pertenencia que disminuye los sentimientos de aislamiento. La psicóloga Barbara Fredrickson sugiere cultivar "micromomentos"[15] en los que te puedas conectar de una manera pequeña con otra persona, ya sea un miembro de la familia o la cajera del supermercado. Al aprovechar las oportunidades para compartir sólo un poco de ti mismo, recibirás una inyección de ánimo y una reducción del estrés que puede acumularse con el tiempo.

Altruismo.[16] Ofrécete como voluntario: en la biblioteca, en el club de corredores, en la Cruz Roja... en lo que sea. Forma parte de algo más grande que tú mismo. Ayudar a los demás, compartir tus conocimientos, tener una misión... todo esto te dará una sensación de expansión similar a la que experimentan las personas cuando están en una relación amorosa. Pero ten cuidado de no hacerlo de forma poco comprometida o muy forma esporádica. Sea cual sea la causa altruista a la que dediques tu tiempo, tienes que hacer que ese compromiso de tiempo se convierta en una parte *regular* de tu vida. Cuando la gente hace esto, los resultados son impresionantes. Por ejemplo, en un estudio de 5,882 adultos mayores de 50 años, la socióloga Dawn Carr y sus colegas demostraron que el voluntariado de más de dos horas semanales reducía el sentimiento de soledad entre las viudas[17] al mismo nivel que el de las mujeres casadas de la muestra.

Capacidad de elección. Hay que entender que, aunque no se sienta así, estar solo es una decisión. Esa situación puede resultar muy agradable para una persona y aislante para otra. Todo depende de tu mentalidad. Puedes decidir ahora mismo si quieres sentirte solo o feliz. Cuando estudiamos las intervenciones psicológicas para las personas solitarias, cambiar sus actitudes y perspectivas tiene más efecto sobre sus índices de sentimiento de soledad que aumentar las oportunidades de contacto social. Además, la perspectiva con la que ves tu vida social puede afectar a la forma en que la experimentas. Un estudio realizado en 2020 por la Universidad de Harvard descubrió que al dejar solas a las personas en una sala de espera durante diez minutos, éstas solían sentirse aburridas o solitarias... pero se sentían significativamente mejor si simplemente se les pedía pensar en los "beneficios de la soledad".[18]

Alegría. Puede parecer el consejo más obvio que se pueda imaginar, pero esfuérzate por divertirte y mantenerte alegre, disfruta de la vida. La ciencia demuestra que mantener la alegría es un predictor del bienestar y la satisfacción vital. Por suerte, los acontecimientos positivos suelen producirse con más frecuencia que los negativos. Y aun así, no todo el mundo se empeña en disfrutarlos, un proceso que los psicólogos llaman *capitalización*. Compartir las buenas noticias y los buenos momentos con los demás ayuda a aumentar las emociones positivas y a reducir la soledad. Y un interesante estudio de la psicóloga social Shelly L. Gable, de la Universidad de California en Santa Bárbara, sugiere que, en las relaciones estrechas, las parejas que dedican tiempo a disfrutar y alegrarse de la vida en común y a compartir las buenas noticias son más felices juntas.[19]

10
La prueba del tiempo

Ilumina el mañana con el hoy.
—Elizabeth Barrett Browning

Contra todo pronóstico, el tratamiento de John estaba funcionando. El tratamiento médico de primera categoría, el espíritu de lucha de John y el poder proactivo del amor lo ayudaron a vencer el cáncer. Pero la intensidad de esa batalla estuvo a punto de matarlo.

La primera ráfaga de quimio y radiación duró catorce semanas: una semana sí y otra no. John recibía una oleada de productos químicos y haces de fotones, y luego pasábamos una semana solos en casa, esperando la inevitable caída. Tras la primera semana en el hospital, nos dimos cuenta de que había sufrido una sobredosis de quimioterapia. Recuerdo que llamaba constantemente a la enfermera para preguntarle si sus efectos secundarios extremos (fiebre alta, vómitos, un terrible caso de aftas orales) eran normales. Pronto John no pudo retener ningún alimento. Los médicos quisieron colocarle una sonda de gastrostomía en el estómago para administrarle directamente los nutrientes. Cuando el médico le hizo la incisión en el abdomen para introducir la sonda, el dolor fue tan intenso que John se despertó (a pesar de la anestesia) y empezó a gritar en la sala de recuperación. Estaba aterrorizado, delirando, pensando que ese dolor sólo podía ser el resultado de una herida de bala. Murmuró algo sobre la "necesidad de proteger a Obama" (que no sólo era presidente en ese momento, sino también una leyenda viva en Chicago).

Cuando John volvió en sí, nos reímos mucho de su fantasía sobre ser parte del Servicio Secreto. Necesitábamos ese momento de catarsis porque las noticias iban de mal en peor. Los análisis de sangre y los estudios de imagen mostraron que todos sus marcadores iban en la dirección equivocada. El cáncer estaba ganando. Intentamos mantenernos firmes ante el sufrimiento, pero, después de un tiempo, el sufrimiento envejece. Buscamos la esperanza en los datos. No podíamos evitarlo: queríamos ver las cifras, los deltas, las líneas de tendencia, aunque nos tuvieran aterrados. Queríamos tratar esto como si fuéramos científicos, como si fuera un problema más que pudiera resolverse mediante el intelecto y la persistencia.

Durante su estancia en el hospital, John incluso intentó convencer a los médicos de que modificaran sus órdenes. Creyó que él podría tener una idea mejor de cómo administrar su medicación contra el dolor, a través de un parche de fentanilo, para que no necesitara dosis cada vez más altas del adictivo opioide.

Convenció a los médicos de que lo hicieran a su manera, pero un día después de que le bajaran la dosis, volvió a llamarles retorciéndose de dolor.

—Bueno... mi hipótesis era equivocada.

Intelectualmente, yo sabía que la quimioterapia y la radiación estaban haciendo mella en su cuerpo, marchitándolo por dentro, pero cuando lo miraba, no veía a un hombre enfermo, sino a mi marido, los mismos ojos de los que me enamoré. Y sentí en mis huesos que él vencería esto. Realmente pensaba que podía hacer cualquier cosa que se propusiera. Así que una parte de mí no se sorprendió cuando, tras meses de dolor e incertidumbre, las cosas empezaron a cambiar a favor de nosotros: los marcadores de cáncer mejoraron, las imágenes fueron cada vez más y más claras. Celebramos todas y cada una de las buenas noticias con un brindis de "feliz luna de miel". A las catorce semanas, los tumores de John habían desaparecido por completo. Estaba en remisión.

Volvió al trabajo: asumió una carga de cursos completa el siguiente semestre y retomó su investigación con renovado vigor. Sin embargo, ya no éramos los mismos. El fantasma de la muerte se había instalado en nuestro apartamento y se había sentado a la mesa del comedor, como un invitado inesperado. John sabía que su tipo de cáncer tenía un alto riesgo de reaparecer. Se enorgullecía de enfrentarse a las cosas que otras personas ignoraban. Una vez más, dijo que debíamos esperar lo mejor de la vida, pero planificar para lo peor. Se dedicó a "crear recuerdos", a hacer cosas a las que pudiera aferrarme, por si acaso. Renovamos nuestros votos, él con un esmoquin a medida y yo con un vestido de encaje blanco bordado a mano, como los que no habíamos tenido tiempo de comprar antes de nuestra primera boda en París. Fuimos en coche desde Chicago hasta su pequeño pueblo natal en Texas, para ver el lugar donde John había crecido. Ese viaje por carretera tenía dos propósitos: quería que yo viera de dónde venía, para que entendiera todas sus facetas. Y quería, literalmente y metafóricamente, sentir que estaba de nuevo conduciendo su vida.

Después del cáncer, John se volvió más selectivo sobre cómo usaba su tiempo. En el trabajo, se centró en el *impacto* de su investigación. Dejó de asesorar a los estudiantes de posgrado y posdoctorado, para centrarse en los estudiantes de licenciatura que aún no habían elegido un camino. "Si asesoras a estudiantes de posgrado puedes cambiar *su carrera*. Si orientas a los estudiantes de licenciatura, puedes cambiar *su vida*."

John fue profesor de yoga de joven, y nunca tuvo dificultades para estar "en el momento", pero nunca lo vi más centrado, más presente, que en esos meses después de su tratamiento. Tanto en su vida personal como en la profesional, su atención se centró en la *calidad* de sus relaciones.

Esto tal vez no sorprendió a Laura Carstensen, la psicóloga de Stanford que nos casó en París. Había pasado años estudiando cómo la gente entendía la calidad de vida a lo largo de su vida. Su teoría de la selectividad socioemocional[1] sostenía que la forma en que las personas entienden su propia satisfacción vital tiende a cambiar a medida que envejecen o se enfrentan a enfermedades que amenazan su vida.

En las primeras etapas de la vida, las personas perciben su futuro como "expansivo y de final abierto", y son capaces de dejar de lado los pensamientos sobre la mortalidad. Pensando que tienen tiempo de sobra, la gente entra en modo "colección", tratando de acumular cosas (dinero, estatus, conocimientos) con la vista puesta en el futuro. Sin embargo, cuando la gente envejece o experimenta un riesgo de salud, su percepción cambia. Ahora buscan el "equilibrio emocional", se centran más en las relaciones y experiencias importantes y satisfactorias, y se interesan más por el presente que por el futuro, más por la calidad que por la cantidad. El modo "colección" es sustituido por el modo "experimentación".

Una vez que las personas realizan esta transformación suelen estar mejor. Esto se opone a la visión que muchos jóvenes tienen de la vejez, de que la aparición de la enfermedad y los achaques, y la proximidad del "fin" provocarán un sentimiento de desesperación y depresión. Por el contrario, las personas mayores no sólo son más felices, sino que su memoria se reconfigura para favorecer el almacenamiento de información positiva. En uno de los estudios de Laura, se mostró a participantes de distintas edades una serie de imágenes positivas, negativas y neutras. Los jóvenes recordaban igual de bien las imágenes, independientemente de su carga emocional. Pero las personas mayores recordaban mucho más las imágenes positivas que las negativas o neutras.[2]

Este sesgo también se observa en las relaciones de pareja. A medida que una pareja envejece, tiende a centrarse en lo positivo y a ser más indulgente con la otra persona. Puede sonar paradójico para una pareja joven, pero tal vez una de las formas de ser más felices juntos sea tratar de pensar más como personas mayores (más sabias) y desafiarse a sí mismos para experimentar más y obtener mayor satisfacción en la vida. Al hacerlo, quizá descubran que se centran en el lado positivo de la vida y dejan que más cosas negativas se les resbalen.

Ganarle al reloj

Aunque algunos aspectos de nuestra biología ayudan al amor a sobrevivir a las vueltas de la vida, hay otros peligros que nos esperan, otras formas en las que el amor nos desafiará a lo largo del tiempo.

El futuro, en general, es un lugar aterrador para las personas que tienen una relación amorosa. Esto se debe a que la gran mayoría de las parejas se romperán, lamentablemente. Hasta hace poco la mitad de los matrimonios en Estados Unidos acababa en divorcio. Pero como cada vez hay menos personas que se casan (y las que lo hacen, se casan a una edad mayor), la probabilidad de divorcio ha disminuido a 39 por ciento,[3] el cual sigue siendo un porcentaje alto. Y la probabilidad de que una pareja en unión libre se rompa es todavía más alta.

Michael Rosenfeld, sociólogo de Stanford, ha realizado un seguimiento de las tasas de ruptura[4] entre parejas solteras (homosexuales y heterosexuales) a lo largo del tiempo y ha descubierto que, en las relaciones jóvenes, la probabilidad de ruptura en el primer año de convivencia es superior a 70 por ciento. En el quinto año de convivencia, la probabilidad se reduce a 20 por ciento. A partir de ese momento, el riesgo de ruptura en un año determinado desciende hasta llegar a las dos décadas, cuando se estabiliza en torno al 5 por ciento para las parejas homosexuales y al 10 por ciento para las heterosexuales.

Aunque las razones por las que la gente rompe son variadas, suelen reducirse a dos problemas principales: la falta de intimidad o conexión con la pareja (lo que llamamos *recompensa social*) o el sentirse rechazado o no deseado por la pareja (*amenaza social*). De estas dos fuerzas principales de la ruptura, los psicólogos creen que la falta de recompensa social es más decisiva cuando se trata de la supervivencia de una relación.[5]

Ya sea una sincera declaración de amor o una dulce sonrisa, hay muchos gestos en una relación que se sienten como recompensas para el cerebro y el cuerpo. Y la red del amor se nutre de recompensas; necesita la dopamina como una planta necesita agua o como un coche eléctrico necesita electricidad. Sin ella, tu relación sólo puede ir cuesta abajo. Ésta es la razón por la que muchas rupturas pueden explicarse en términos de química cerebral. Cuando nos enamoramos, el sistema de recompensa recibe un gran golpe de dopamina, lo que provoca un estado de ánimo de éxtasis. Sin embargo, incluso en las parejas más apasionadas, estos primeros e intensos sentimientos pueden cambiar. Algunas parejas avanzan hacia un compromiso más duradero y con más fundamento emocional, o se separan y toman caminos distintos.

Tal vez hayas escuchado hablar de la "comezón del séptimo año", pero un concepto con más fundamento científico sería la depresión del segundo año. Para muchas parejas, el cerebro embriagado de dopamina cae a tierra en algún momento de esos dos primeros años.

Otro periodo peligroso es el de los cuatro años. Helen Fisher ha analizado las tasas de divorcio en todas las culturas y ha descubierto que las rupturas tienden a aumentar[6] en este momento de la relación que, según ella, coincide con el periodo en el que los niños necesitan más cuidados para mejorar sus posibilidades de supervivencia.

Ya sea el resultado de una tendencia genética muy arraigada o de un ansia de dopamina, esta sensación natural de "caída" tras los primeros años de una relación amorosa es sumamente normal, y no siempre es una señal de que la relación tiene problemas, sino de que está cambiando o, si se prefiere, evolucionando. Sin embargo, la ausencia de esos sentimientos amorosos positivos e intensos puede hacer que algunas personas sientan que les falta algo.

Justin Lavner, psicólogo de la Universidad de Georgia, y sus colegas hicieron un seguimiento de trescientos treinta y ocho cónyuges durante sus primeros dieciocho meses de matrimonio y descubrieron que (independientemente de la edad de la pareja o de si habían vivido juntos antes de casarse) la mayoría de los recién casados[7] experimentaron cambios significativos en su estado de ánimo y su personalidad durante ese corto periodo. Descubrieron que las parejas se habían vuelto menos agradables; los maridos se habían vuelto menos extrovertidos y las esposas, menos abiertas. Por supuesto, las razones de esto son complejas, pero un gran escollo para cualquier pareja tiene que ver con no quedarse "atascados" en la relación que tenían cuando se conocieron y se enamoraron. Tenemos que recordar que, aunque haya tendencia a que las parejas se separen después de los primeros años, hay una diferencia entre tendencia y destino.

Ser fiel a tu propio ser

¿Alguna vez alguien te ha dicho: "Sólo sé tú mismo"? No se me ocurre ningún consejo social más popular... o menos útil. Cuando alguien me dice: "Sólo sé tú misma", suelo responder: "¿Cuál yo?".[8]

En lo que respecta al cerebro, el *yo* es fluido. No hay un *yo* fijo. De hecho, distintas regiones nos dan información contradictoria sobre quiénes somos. Algunas partes del CPF del cerebro albergan y almacenan *etiquetas* de autoconciencia, nuestros rasgos de personalidad: si nos consideramos generosos o sofisticados o altos o guapos. El giro angular y otras partes del lóbulo parietal, por su parte, fomentan una idea más simbólica y menos superficial del yo. El CPF dice quién eres *sobre el papel*.[9] El giro angular está más en sintonía con lo que eres en el fondo: lo que sientes, haces y experimentas, lo que a veces se llama *tu verdadero yo*, y que a menudo es difícil de expresar con palabras.

El punto central aquí es que, desde la perspectiva del cerebro, el *yo* no es algo estático, es dinámico, está en constante evolución y se compone de muchos elementos. Y como las relaciones se componen de dos personas, cada *yo* opera por partida doble. El truco para permanecer satisfecho y felizmente enamorado es no olvidar nunca que tú y tu ser amado están siempre evolucionando, por lo que siempre debes permanecer en el proceso de "conocer" a tu pareja, aunque lleven juntos medio siglo o más.

Así que no te preocupes por *ser tú mismo* (porque el yo es un objetivo en movimiento); en cambio, sé auténtico con *lo que eres en este momento*. Y entonces tu auténtico yo brillará y tu relación será más fuerte. Fíjate en John y en mí.

A lo largo de la batalla contra el cáncer y la incómoda tregua que le siguió, nuestro vínculo nunca se rompió. De hecho, nos unimos más. Lo que hizo que nuestra relación se adaptara y se mantuviera fuerte es que no pretendimos que todo fuera igual, no nos quedamos estancados, nos negamos a vivir en el pasado. En lugar de ello, estuvimos atentos a todas las formas en que el presente nos desafiaba, nos cambiaba, nos obligaba a evolucionar hacia un yo más unido. Hablamos de todo, nos realineamos, volvimos a encontrar nuestro equilibrio, a pesar de que la tierra bajo nuestros pies se tambaleaba. No importaba en qué estado se encontrara John, siempre lo traté como mi marido: compartía mis alegrías, mis miedos, le pedía consejo, le pedía ayuda.

Gracias a nuestras investigaciones, ambos comprendíamos la importancia de la *reciprocidad* y la *ayuda mutua* en la evolución de las especies sociales. Si hubiera tratado a John simplemente como un paciente, compadeciéndolo, él habría perdido el sentido de pertenencia en nuestra relación, lo cual supone una experiencia horrible y desorientadora que lo habría hecho más susceptible a los sentimientos de soledad. En lugar de eso, mantuvimos fuerte nuestro vínculo practicando lo que los psicólogos llaman *autodivulgación*, compartiendo lo que todos tenemos durante los buenos y en los malos momentos: esperanzas, alegrías, recuerdos y todo aquello que nos ayuda a construirnos y transformarnos, día tras día.

El amor es una elección

Uno de los lugares más conocidos para debatir sobre el amor contemporáneo en toda su vertiginosa variedad es la columna "Modern Love" (Amor moderno) de *The New York Times*, que se publica cada semana desde 2004. Dado el volumen de envíos que reciben (ocho mil cada año), la columna representa uno de los espacios más codiciados de todo el periódico. Y en 2017, para un número especial de aniversario de "Modern Love",[10] John y yo nos sentimos humildemente honrados de que el periódico decidiera hacernos un perfil.

Contamos la historia de cómo nos habíamos conocido, cómo nuestro reciente roce con la muerte nos acercó más; yo resumí algunas ideas de mi investigación; un fotógrafo vino a nuestra oficina y nos tomó fotos riendo con batas de laboratorio. Cuando salió el periódico, John y yo compramos todos los ejemplares que encontramos en los quioscos de nuestro barrio para enviar copias del artículo a mis familiares en Europa. Recibimos muchos mensajes de nuestros amigos y colegas.

Sentíamos que nuestra historia de amor era ahora oficial de alguna manera, y esperábamos que inspirara a otras personas. Aunque el artículo nos hizo muy felices, su impacto no se comparó con la popularidad viral de un ensayo de "Modern Love" publicado dos años antes, titulado "To Fall in Love with Anyone, Do This" (Para enamorarte de cualquiera, haz esto).

Ese ensayo fue presentado por Mandy Len Catron, una instructora de escritura de Vancouver, que compartió una historia sobre la réplica de un famoso experimento de psicología social con uno de sus buenos amigos. El experimento[11] fue realizado por primera vez por Arthur y Elaine Aron y varios de sus colegas en la década de 1990. En él se comprobaba si se podía hacer que dos desconocidos se enamoraran, manipulando ciertas características de la naturaleza humana. Los investigadores enviaron a un hombre y una mujer heterosexuales de edad similar a su laboratorio por separado. Los participantes se sentaron juntos, uno frente al otro, y se turnaron para responder a una serie de treinta y seis preguntas cada vez más personales.

Las preguntas empezaron siendo bastante banales (*¿quién sería tu invitado ideal a cenar?*), pero se intensificaron rápidamente (*¿tienes una corazonada secreta sobre cómo vas a morir?*). Pronto, las preguntas incitaron a los participantes a comprometerse de diferentes maneras. *Haz tres declaraciones verdaderas de "nosotros". Por ejemplo, "Los dos estamos en esta habitación sintiendo...".* El cuestionario se había diseñado específicamente para provocar la *autodivulgación*. Los Aron y sus colegas no sólo descubrieron que su experimento creaba de forma rápida y fiable el tipo de intimidad esencial para la formación del amor romántico, sino que también obtuvieron un dato anecdótico impresionante: seis meses después de su experimento, dos de los sujetos de la investigación se casaron e invitaron a todo el laboratorio a la boda.

Como cualquier buen científico, Catron señaló las limitaciones de su versión adaptada de este experimento: estaba en un bar lleno de gente (donde presumiblemente estaba bebiendo) y no en un laboratorio; su pareja era un amigo, no un extraño. Aun así, mientras trabajaban en el cuestionario, se sorprendió al sentir que se abría un profundo pozo de afecto entre los dos que nunca antes había existido. El experimento termina con cuatro minutos de mirar directamente a los ojos de su pareja sin hablar. Catron escribió que esta experiencia fue más emocionante, más aterradora, que cualquier otra cosa que hubiera hecho antes. Durante los dos primeros minutos, apenas podía respirar. Pero luego empezó a relajarse, a sentirse menos incómoda y a sentirse *bien*.

El experimento no la había hechizado. Más bien, dijo, le mostró que era posible "generar confianza e intimidad" (los mismos sentimientos que subyacen al amor) a través de la acción. Y, en las semanas y meses que pasaron, ella y su amigo se enamoraron de verdad. Concluyó su hermoso artículo de esta manera: "El amor no nos sucedió. Estamos enamorados porque cada uno tomó la decisión de estarlo".[12]

Para aquellos que buscan el amor, para quienes no están satisfechos con su relación, esta idea de la elección es empoderante: significa que, si no estás satisfecho, puedes hacer algo al respecto. Y una vez que tú y tu pareja empiecen a descubrirse, una de estas dos cosas sucederá: 1) su relación se hará más fuerte, o 2) se darán cuenta de que no deberían estar juntos.

Los estudios han demostrado que, a medida que aumenta la autodivulgación[13] en las relaciones, también lo hace la satisfacción. Pero es un camino de ida y vuelta. Las parejas que se quejan de la escasa intimidad tienden a revelarse menos. Y la falta de autodivulgación los vuelve a ti y a tu pareja vulnerables a todos los peligros de la soledad de los que hemos hablado antes, como una mayor susceptibilidad a las enfermedades y a la muerte prematura.

Cuando el psicólogo alemán Marcus Mund y sus colegas examinaron los sentimientos de soledad en casi quinientas parejas de larga duración, no encontraron ninguna relación entre la soledad y la calidad de la conexión física en una relación. Sin embargo, hallaron una fuerte asociación entre la soledad y la falta de autodivulgación.[14] Esto significa que las parejas que no revelan su *verdadero yo* podrían someterse al sufrimiento a largo plazo.

El código para el corazón roto

A veces, por mucho que intentemos aferrarnos al amor, lo perdemos. Puede haber una ruptura por alguna diferencia irreconciliable, un conflicto familiar, un traslado, prioridades diferentes, una falta de intimidad física, tú elige la causa. Cuando nos separamos de una persona a la que antes amábamos, ¿qué ocurre dentro del cerebro?

Nada bonito. Después de una ruptura no deseada, las partes de nuestro cerebro responsables de anhelar sensaciones gratificantes se vuelven hiperactivas. Amas con *más fuerza* incluso que cuando tenías a tu pareja, buscando a la persona que ya no está y a los sentimientos positivos que antes asociabas a tu ser amado. Así es como se ve un corazón roto o el amor no correspondido.

Además del sistema de recompensa, también se activa la parte del CPF que interviene en la rumiación. Es la parte del cerebro que controla nuestra tendencia a pensar una y otra vez en nuestra pareja y en nuestra relación, en lo que salió bien y en lo que salió mal. Por último, vemos actividad en las áreas cerebrales que responden al dolor, como el córtex cingulado anterior. En estudios de imágenes cerebrales de mujeres que habían roto recientemente con su ser amado, cuando pensaban en su pareja, activaban las mismas regiones[15] que se activan cuando experimentamos el dolor por la muerte de alguien cercano. Es decir, desde la perspectiva del cerebro, la diferencia entre una mala ruptura y una muerte es insignificante.

A medida que los neurocientíficos vayan precisando el modo en que el amor y el desamor funcionan en el cerebro, puede que no estemos lejos de una situación en la que "superar" una mala ruptura implique no sólo una caja de pañuelos, sino también una máquina de electroencefalograma.

Consideremos el caso de la polifacética música y escritora conocida como Dessa. Como autora de muchos libros y miembro del popular colectivo de hip-hop Doomtree, había alcanzado un nivel de éxito artístico envidiable. Aun así, no había corrido con la misma suerte en su vida amorosa. Por mucho que lo intentara, no podía superar a un ex, un tipo que había entrado y salido de su vida durante más de una década, una persona con la que no podía vivir, pero tampoco podía vivir sin ella, que desencadenaba una cascada de sentimientos positivos, negativos y confusos: frustración, arrepentimiento, celos, deseo. Hizo las cuentas; al fin del día, él era malo para ella. Sin embargo, no podía librarse de él. "No sólo tenía el corazón roto, sino que también me sentía avergonzada por no poder recuperarme... No sabía cómo *dejar* el amor."[16]

Decidió hacer algo al respecto. Leyó las últimas investigaciones científicas sobre el amor. Descubrió que los neurocientíficos podían utilizar técnicas de imagen cerebral para medir y localizar los sentimientos de amor en el cerebro. Se preguntó si esta ciencia podría emplearse también para concentrarse en esos sentimientos y reeducar a su cerebro para "desenamorarse".

En Twitter encontró a una profesora de neurociencia de la Universidad de Minnesota, Cheryl Olman, que accedió a escanear el cerebro de Dessa en la máquina de RMF mientras le mostraba imágenes de su exnovio y de un desconocido que compartía algunos de sus rasgos (el elemento de control). Cuando compararon las RMF, varias de las áreas clave de la "recompensa" amorosa se iluminaron para el ex (incluyendo el núcleo caudado y el área tegmental ventral), así como el cíngulo anterior, que registra las sensaciones de dolor. El doctor Olman envió a Dessa una imagen de su cerebro en sección transversal, mostrando exactamente dónde residían sus sentimientos por su ex. Después de ver las resonancias, se sintió decidida a encontrar una nueva forma de pensar en este viejo amor.

Para ello, recurrió a un método llamado neurorretroalimentación, también conocido como biorretroalimentación del EEG (electroencefalograma). En resumen, la neurorretroalimentación es una herramienta que mide las ondas cerebrales y muestra los resultados en directo a la persona, para que pueda ser consciente de lo que hace su cerebro en determinados momentos. El objetivo es aprender poco a poco a entrenar la atención y regular las emociones en situaciones concretas. La terapia utiliza varias señales de salida (como sonidos o marcadores visuales) para ayudar a reorganizar o reeducar el cerebro.

Después de someterse a nueve sesiones de neurorretroalimentación, Dessa sintió que se fijaba menos en su ex, como si éste se hiciera más pequeño en su mundo emocional. Y un posterior escáner de RMF en el laboratorio del doctor Olman demostró que, cuando se le mostraba una foto, las regiones cerebrales que antes estaban hiperactivadas ahora se mantenían tranquilas. Ya sea porque la neuroterapia la ayudó o porque, gracias a este ejercicio, empezó a pensar y a hablar de su corazón roto de una forma totalmente nueva, Dessa había conseguido por fin, después de años, encontrar un camino más allá del desamor, el cual pasaba directamente por el cerebro.

11
Náufraga

¿Cómo era capaz de vivir solo antes, mi pequeño todo?
Sin ti, me falta la autoconfianza, la pasión por el trabajo
y el gozo por la vida... en resumen, sin ti, mi vida no es vida.
—ALBERT EINSTEIN

John y yo estábamos tan conectados como cualquier pareja. Nos habíamos enamorado a pesar de que nos separaba un océano; habíamos disuelto nuestras diferencias culturales, lingüísticas y de edad; nos habíamos enfrentado a un cáncer en etapa IV y lo habíamos vencido juntos. No sólo *sentíamos* que nuestro amor nos hacía más fuertes e inteligentes, sino que habíamos generado una gran cantidad de datos para demostrarlo. Sin embargo, yo tenía demasiadas expectativas: iba por ahí pensando en el amor como un superpoder, pensando que si nos amábamos lo suficiente podíamos sobrevivir a cualquier cosa. Como científica, debería haber sabido que era esperar demasiado.

En los dos años transcurridos desde su diagnóstico, John estuvo a punto de morir tantas veces que perdí la cuenta. Llegar tan cerca del final nos hizo no tener miedo, en cierto modo. Nos aclaró algo, nos enseñó a vivir. Las cosas que eran realmente importantes antes de que John enfermara (el trabajo, el ejercicio, el cuidado de la familia y de los amigos) se convirtieron en algo absolutamente vital para nosotros; las cosas que eran menos importantes (las canas, el frío, el tráfico, el número de *likes* en las redes sociales) se volvieron irrelevantes. El color de la vida cambió, se intensificó; las hojas nunca parecieron más verdes; nuestro tiempo juntos parecía más dulce porque sabíamos que no estaba garantizado. Como personas a las que les gusta aprender, que tienen la extraña capacidad de mantener los ojos abiertos pase lo que pase, bueno o malo, no pudimos evitar que esta nueva vida nos resultara interesante, incluso sublime. En muchos aspectos, a medida que nos acercábamos al abismo, lo disfrutábamos. Tal vez el hecho de vivir sin miedo explica por qué no estaba preparada para cuando finalmente ocurrió.

Me resulta difícil escribir este capítulo. Es difícil porque pensar en todo esto es revivirlo en cierto modo. Mientras escribo estas palabras, no estoy segura de querer volver a esta época. Sin embargo, no hay forma de terminar mi historia, no hay forma de descubrir la verdadera profundidad del amor, sin contarte lo que fue perderlo.

No recuerdo mucho de esa noche: sólo cuento con imágenes fragmentadas que he ido juntando. Te diré que lo que ocurrió me causó una gran conmoción porque John había mejorado en los últimos tiempos. Aunque el cáncer había vuelto y se había extendido a los pulmones, había luchado. Después de su primera experiencia con el tratamiento, había estado tan débil que no podía levantar un gancho de nuestro closet, pero se había obligado a sí mismo a volver al gimnasio todos los días, y reconstruyó su cuerpo parte por parte, empezando con pesas de 2 kilos, luego de 4.5, luego de 18. Para el otoño de 2017, estaba listo para la victoria. Había recuperado su aptitud, había recuperado su deseo de investigación, nunca se había visto mejor. Muchas personas que lo conocieron durante este tiempo no tenían ni idea de que estaba enfermo. Recibió uno de los más altos honores de la Universidad de Chicago, el Premio Phoenix, así como una medalla de los Centros de Control de Enfermedades de Washington, D.C., por su trabajo alertando al mundo del peligro de la soledad, que ahora se trataba como una epidemia sanitaria en toda regla.

Brindamos por el nuevo año sintiéndonos esperanzados y contentos. Pero en las primeras semanas de 2018, las noticias médicas de John fueron buenas, luego malas y, finalmente, peores. Una serie de complicaciones médicas relacionadas con el tratamiento contra el cáncer nos obligó a permanecer en el hospital durante varias semanas. Una noche sus niveles bajaron tanto que las enfermeras y los médicos pensaron que había llegado su día. Me pidieron que me despidiera. Pero, milagrosamente, sus signos vitales se normalizaron por la mañana. Le dieron el alta en febrero. Volvimos a casa y su estado mejoró, excepto por una tos persistente. Amigos y vecinos se turnaron para traernos comida y pasear a nuestra perra, de manera que nosotros pudiéramos pasar tiempo juntos centrándonos en la recuperación de John y adaptándonos a esta situación.

El 5 de marzo John tuvo un tratamiento ambulatorio de seguimiento en el hospital. Los médicos dijeron que le había "dado la vuelta a otra esquina". Disfrutamos de ese momento; recuerdo a John hablando por teléfono con nuestros amigos, con una enorme sonrisa en el rostro mientras les comunicaba las buenas noticias. Esa noche nos fuimos a la cama con una sensación de alivio.

Pero dos horas después, John empezó a toser con más fuerza que nunca. Parecía incapaz de recuperar el aliento. Y entonces, en un instante de asombro, sintió que algo en su interior cedía. Su boca se llenó de sangre y al instante supo que era el fin. Tuvo el tiempo justo antes de perder el conocimiento para mirarme y decir: "Te amo".

Llamé al 911 y le administré la RCP. Cuando llegaron los paramédicos, intentaron reanimarlo durante varios minutos antes de detenerse.

—Por favor —le rogué a la paramédica—, por favor, inténtalo de nuevo.

No había ninguna posibilidad médica de reanimarlo, pero lo

intentó una vez más, por mí. Cuando me dijo que se había ido, me negué a creerlo. Me arrodillé y le supliqué entre lágrimas que me dejara intentarlo una vez más. Todos los paramédicos se miraron entre sí y, en silencio, uno de ellos me dio el "sí", asintiendo con la cabeza de arriba abajo. Volví a intentar la reanimación cardiopulmonar, hasta que en un momento dado me di cuenta de lo que estaba pasando, de lo que había sucedido, y empecé a gritar.

No dejar ir

Estaba en shock. No podía procesar el significado de las palabras de los paramédicos cuando me decían que se iban a llevar a John. Pero una vez que esa idea se hizo realidad, les dije que tenía que ir con él. No podía separarme de él. Tomamos el elevador. Era el mismo viaje de treinta pisos que habíamos hecho miles de veces antes. Ahora sería la última vez.

Cuando las puertas se abrieron en el vestíbulo, seguí a John, que estaba tumbado en la camilla. Podía sentir los ojos de los guardias de seguridad y los porteros sobre nosotros. Los paramédicos llevaron a John hacia la ambulancia que lo esperaba. Fue en ese momento cuando experimenté el primer destello de que nuestra vida, mi vida, había cambiado súbitamente. Viví una sensación extracorporal temporal, en la que veía este momento desde arriba; se sentía como una medida de protección, una forma de que la mente se disoció ligeramente del cuerpo para tomar cierta distancia de seguridad respecto a la dolorosa realidad que estaba viviendo.

Y esa realidad se me reflejó a través de los ojos llenos de lágrimas de nuestros vecinos, de nuestros amigos y de las personas del edificio que nos habían cuidado. Podía sentir, a través de mis neuronas espejo, su sufrimiento, el sentimiento colectivo de angustia, que me hacía querer derrumbarme.

Me sentía insoportablemente triste no sólo por John, sino también por ellos. Habíamos sido "la pareja", siempre juntos, siempre sonrientes, y ahora ya *no* éramos en plural. Esta gente era la única familia que tenía en Chicago. Algunas de mis vecinas vinieron conmigo a la morgue del hospital. Mientras hablábamos de los preparativos, yo estaba allí pero no estaba. En un momento dado, me levanté y le dije a la directora de la funeraria que necesitaba volver a ver a John.

—No recomendamos eso —me advirtió, explicando cómo el cuerpo empieza a cambiar, cómo John ya no se vería como él mismo.

No podía importarme menos. *Necesitaba* estar junto a él. *Necesitaba* estar con mi marido. Me llevaron a la habitación donde yacía, y ahí lloré y hablé con él. Cuando la directora entró y me sugirió amablemente que saliera, me incliné sobre John, lo besé y una vez más le dije que lo amaba.

Sentí que todo esto estaba mal, que había un error, que no debíamos estar allí, que debíamos volver a *casa*.

John y yo habíamos hablado de todo, así que por supuesto habíamos hablado de lo que debía hacer, y de lo que no debía hacer, si él moría: qué decir a nuestros amigos, a nuestros colegas, a la prensa; qué debía hacer con mi trabajo y con nuestra casa. Sin embargo, nunca hablamos de los preparativos del funeral. Me obsesioné con la idea de "volver a casa". Haríamos el funeral en nuestra casa, entre nuestras cosas.

En una familia franco-italiana como en la que crecí, la idea de celebrar un funeral en casa no es tan extraña como podría parecer en Estados Unidos. En el pueblo natal de mi abuela, en Italia, por ejemplo, cuando alguien moría se le velaba en un ataúd abierto en casa y los amigos y vecinos venían a visitarlo, a presentarle sus respetos. La familia solía decorar la puerta y divulgar la noticia de la muerte en el pueblo, de manera que la gente pudiera compartir el proceso de duelo y ofrecer apoyo en un momento de necesidad.

En mi familia, las viudas se vestían de negro durante un año; teníamos un protocolo que seguir, una forma de comportarnos, una etiqueta para nuestro duelo.

Me sentía cerca de esta tradición y creo que John también lo habría querido. Pero la razón por la que quería traerlo a casa era que en algún nivel no estaba dispuesta a creer lo que había sucedido. Una parte de mí estaba en negación. Una parte de mí pensaba que eso era temporal. Sentía que estaba buscando el interruptor que nos devolvería al mundo que conocíamos antes. Tal vez sólo estaba fuera, en el hospital durante unas cuantas noches, para un nuevo procedimiento, y si yo era resiliente, concentrada y obstinada, podría encontrar mi camino de vuelta a él.

La muerta viviente

Me sentí afortunada de que mi mejor amiga, y vecina de al lado, Fernanda (que casualmente es psicóloga clínica), pudiera visitarme todos los días. Ella sabía que en ese momento de intensa crisis lo único que podía hacer era estar allí y sentarse en silencio mientras el tsunami de sentimientos caía sobre mí. Y cada vez que le agradecía este extraordinario favor, ella simplemente respondía:

—No es un favor, es amor.

También tuve la suerte de contar con una relación amistosa con varias mujeres judías ortodoxas que vivían en nuestro edificio. A pesar de tener familias grandes y en crecimiento, estas mujeres rara vez parecían apuradas. Eran siempre tan tranquilas y acogedoras, siempre dispuestas a charlar un poco, a hacer bromas sobre nuestra perra, sus hijos, sus nietos o el clima. Oyeron mis gritos la noche que murió John. Inmediatamente acudieron en mi ayuda y supieron qué hacer. Todas me abrazaron mientras yo sostenía la mano de John, incapaz de soltarlo.

En los días siguientes, las mujeres de esta comunidad me adoptaron, aunque no compartiera su fe, aunque sólo fuéramos vecinas. Acepté su consuelo, su amabilidad, su sopa de bolas de matzá. Y me enseñaron la tradición judía de la *shiv'ah*, que dio una especie de estructura y protocolo a mi dolor. Viví mi duelo de forma holística, aplicando las tradiciones de mis antepasados católicos y de mis vecinas judías. Me vestí de negro. Cubrí los espejos de mi casa. Llevé una cinta negra rasgada que simbolizaba mi pérdida. Escuché una diversidad de oraciones tranquilizadoras de muchas religiones diferentes. Sentí que me habían dado el espacio para compartir mi pena.

Aunque la gente a veces utiliza las palabras *duelo* y *luto* indistintamente, los científicos y los profesionales de la salud mental consideran que son conceptos distintos, aunque relacionados. El duelo engloba los pensamientos y sentimientos que se experimentan tras una pérdida; el luto es la forma en que esos estados internos se expresan externamente. En algunas culturas tradicionales, el proceso de luto puede estar ritualizado e incluso sujeto a reglas. En China, el color rojo simboliza la felicidad, la alegría y la suerte, y es uno de los colores tradicionales que llevan los novios chinos, por lo que la gente no viste de ese color después de la muerte de alguien. En Filipinas, se suele celebrar una vigilia con el ataúd abierto durante una semana, durante la cual se prohíbe barrer el piso.

Aparte de algunas tradiciones estables (como la ceremonia fúnebre), el luto moderno en Occidente es muy diferente de una persona a otra. No hay un libro de reglas que se pueda seguir. La ventaja es que la gente puede llorar una pérdida de la forma que considere oportuna, sin la presión de llevar de forma "adecuada" el luto. La desventaja es que si no sabes cómo honrar a tus seres queridos, puedes sentir (además del intenso dolor) una sensación de confusión social, de impotencia, de falta de dirección.

Necesitaba un protocolo. La *shiv'ah* era lo más parecido al luto ritualizado de mi abuela. Necesitaba una barrera en mi mente para

contener y controlar el dolor insoportable y el caos. Mis vecinas se
aseguraron de que no estuviera sola. Me mantuvieron viva. Ni siquiera era capaz de salir del edificio para pasear a mi perra; las vecinas
tuvieron que intervenir para ayudarme. La primera vez que conse-
guí bajar al vestíbulo, todo el personal de nuestro edificio me vio y
se acercó de inmediato. Me abrazaron en grupo, como un equipo de
basquetbol que se reúne después de un partido, sólo que todos estábamos llorando, unidos por el dolor.

Durante las semanas siguientes, llevé la sudadera holgada de
John sobre mis pequeños hombros y me cubrí la cabeza con una
gorra de beisbol que yo le había regalado. La gorra llevaba las letras
RF, por Roger Federer. Los dos éramos grandes aficionados al tenis,
pero con los años habíamos decidido cambiar el significado de esas
dos letras por el de Romantic Forever (Romántico para siempre).
Esa gorra y su sudadera con capucha se convirtieron en mi unifor-
me, mi segunda piel.

Las semanas se volvieron meses. La efusión de calor y amabilidad
que había recibido tras la muerte de John se redujo a un goteo. La
gente del edificio a la que estaba menos unida empezó a evitarme.
Ya habían expresado sus condolencias y ahora no sabían qué decir.
Me encontré a mí misma aislándome. No quería que me vieran. Me
estaba cansando de las miradas de compasión. Me escondí bajo mi
gorra, mis lentes de sol y mi enorme sudadera. Pronto la gente dejó
de reconocerme, o fingió no verme. Me trataban como el fantasma
en el que me había convertido.

Todos mis conocimientos sobre el cerebro emocional y sobre la
psicología humana se volvieron inaccesibles, casi sin sentido, en el
periodo inmediatamente posterior. No podía hacer nada por mí. Ni
siquiera podía encontrar la motivación para preparar una taza de
café. Me sentía impotente. Y aun así, unas semanas después de la
muerte de John, tuve que organizar una ceremonia conmemorativa
para él. Nunca habría podido organizar un acto tan emotivo sin la

amabilidad, el apoyo y la orientación de nuestras familias, amigos, vecinos y colegas, incluido el entonces presidente de la Universidad de Chicago, Bob Zimmer, y su esposa, la profesora Shadi Bartsch-Zimmer. La ceremonia conmemorativa tuvo lugar en la histórica capilla Rockefeller de la Universidad de Chicago, donde John había pronunciado un discurso de convocatoria.[1]

La capilla estaba ahora decorada con las flores blancas que generosamente había enviado la princesa heredera de Dinamarca, quien había conocido bien a John y se había inspirado en su trabajo sobre la soledad, que convirtió en una prioridad de su fundación sin ánimo de lucro. La universidad ondeó la bandera estadunidense a media asta, algo que nunca había visto para otros profesores fallecidos. El maestro de gaitas de la universidad tocó "Amazing Grace". Llegué vestida de negro. Recuerdo que apenas pude mantener una conversación con alguien. El doctor Jack Rowe estaba allí, el profesor de Columbia que me había entregado siete años antes en nuestra boda en París. La única palabra que conocía para describir la expresión de mi rostro provenía de sus lecturas de filosofía alemana, *Scheitern*. Traducida libremente, significa "náufrago". Así es exactamente como me sentía: como una embarcación que se hundía rápidamente.

Me mantuve firme durante mi panegírico. No habría sido capaz de hablar de lo que John significaba para mí sin derrumbarme, así que me centré en todos los demás y los que nos habían escrito desde todo el mundo. Sabía que podía hablar en su nombre al expresar gratitud, al dirigirme a nuestra familia, amigos, colegas y estudiantes y agradecerles todo su apoyo y preocupación. Terminé mi breve discurso dándole las gracias al propio John. Hablar con él en ese momento me dio la sensación (falsa, pero reconfortante) de que seguía presente, una sensación que necesitaba para tener la fuerza de estar allí. Le dije que le agradecía que se hubiera enamorado... de la ciencia. Le hablé de su investigación y de su brillantez, de cómo su trabajo dio pie a una nueva comprensión de las conexiones sociales, dándonos pruebas empíricas de que una vida más significativa era una vida conectada con los demás. Y sin embargo, al contemplar ese mar de rostros llorosos, supe que la conexión que más me había importado se había roto, y sinceramente no estaba segura de que, para mí, una vida significativa fuera posible todavía.

Cómo amar a un fantasma

*Lo peor que puedes decirle a una persona que está pasando por un duelo
es que el tiempo lo sanará.*
—John T. Cacioppo

Estaba pasando por un duelo, me sentía sola. Por fortuna, había estado casada con un erudito de la soledad, que sabía cómo superar el duelo. Y adondequiera que volteara, me había dejado recordatorios de qué hacer, cómo actuar. Una de las cosas a las que volvía una y otra vez era una charla que John dio una vez a personas mayores en una convención de la AARP. La charla trataba sobre cómo cuidar a alguien que había perdido a un ser querido. La encontré el día del funeral de John, ya que había estado buscando una cita para compartir con nuestros familiares y amigos un grano de sabiduría que pudiera consolarlos y guiarlos en su dolor. Escribí su nombre en YouTube, encontré un video que no había visto nunca y me dispuse a verlo. De repente, me hablaba directamente, sus grandes ojos parecían acuosos, incluso más amables y empáticos que de costumbre, como si pudiera sentir el dolor de las personas con las que estaba hablando en ese momento.

John estaba describiendo un estudio longitudinal sobre la soledad que él había realizado con personas mayores en Chicago.[1] Estaba en su undécimo año, y muchas de las personas del estudio habían sufrido recientemente grandes pérdidas, como la muerte de un mejor amigo o de un cónyuge después de cincuenta años. John comprendía que, para estas personas, una pérdida así se sentía "como el fin del mundo". Pero había visto, una y otra vez, cómo los participantes en el estudio se habían "levantado de episodios de aislamiento social realmente aplastantes". Los instaba a tener paciencia. "A veces, cuando el mundo parece más oscuro, tenemos que convertir esa adversidad en una ventaja, tenemos que averiguar cuáles son las oportunidades que hay ahora, y no rendirnos". Pero, como siempre, criticó la sabiduría convencional. "Lo peor que puedes decirle a una persona que está pasando por un duelo es que el tiempo lo sanará. No es el tiempo: son las acciones, las cogniciones, la forma de acercarse a los demás."

En los meses siguientes, pensé mucho en esta idea, que no es el tiempo el que cura el duelo, sino *otras personas*. Lo meditaba como un *koan*, y a veces discutía con él. Porque por mucho que siguiera creyendo en la sabiduría de nuestra investigación, no me interesaban ni remotamente otras personas después de perder a John. Sólo lo quería a él.

¿Cómo podría dejar entrar a nuevas personas en mi vida ahora? ¿Cómo puedo llegar a otra persona, cuando me enfrento a tanto dolor, cuando mi cerebro está enviando señales de socorro, cuando la red del amor está apagada, cuando mi giro angular (la parte de mí que creció y se expandió para incluirlo) se ha oscurecido, haciéndome sentir no sólo que he perdido a mi marido, sino también que me he perdido a mí misma?

Pero no se podía ganar una discusión con John, ni siquiera más allá de la tumba. Podía oír su voz, que ahora sonaba en mi cabeza, esa mezcla de calidez y fría racionalidad, diciéndome que, aunque se hubiera ido, nuestro amor seguía encriptado biológicamente en mi mente. Lo que no me decía, o lo que yo no estaba dispuesta a escuchar, era que para reaccionar a la red de amor era necesario tener la fuerza para afrontar la tristeza, el dolor, que conlleva la pérdida de una pareja.

Buen duelo

Me sorprendió lo mucho que me *dolió* la muerte de John, no sólo en términos psicológicos sino físicos. Mi corazón ardió literalmente durante semanas, apenas podía comer y perdí seis kilos en un mes. Vivir la muerte de un ser querido es una de las mayores angustias que puede experimentar el ser humano, y se siente profundamente en el cuerpo. Esto explica por qué los cónyuges supervivientes sufren tantos episodios médicos graves durante el periodo de duelo. El ritmo cardiaco en reposo aumenta, al igual que la presión arterial. El cuerpo se inunda de cortisol, la hormona del estrés, y el sistema inmunitario se deprime. En raras ocasiones, la impactante noticia de la muerte de un ser querido puede ser en sí misma letal.

En el periodo de veinticuatro horas que sigue a una pérdida,[2] una persona tiene un riesgo entre veintiuna y veintiocho veces más de lo normal de sufrir un ataque al corazón, dependiendo de lo cercana que haya sido a su ser querido. Incluso si no sufren un ataque al corazón, algunas personas creen que lo están padeciendo cuando en realidad están experimentando el "síndrome del corazón roto",[3] una rara condición en la que el estrés agudo provoca cambios extremadamente dolorosos en la forma de la principal cámara de bombeo del corazón. Así, en casos raros, sí puedes morir a causa de un corazón roto, literalmente.

Pero incluso si se sobrevive a la conmoción inicial de la muerte de un ser querido, se sigue corriendo el riesgo durante meses. Un estudio pionero sobre el duelo, realizado en la década de 1960, analizó a 4,486 viudos en Gran Bretaña. En el periodo de seis meses posterior a la pérdida de su cónyuge, tenían un 40 por ciento más de riesgo de morir[4] que una persona casada de su misma edad. Después de este periodo, sus tasas de mortalidad empezaron a coincidir con las de otras personas de su grupo de edad. Sin embargo, estudios más recientes han demostrado que las personas que sufren la muerte de una persona importante, especialmente si siguen torturadas por su dolor, tienen un riesgo elevado de desarrollar enfermedades cardiovasculares, diabetes y cáncer mucho después de que el periodo de duelo agudo haya terminado.[5]

Aunque el duelo daña nuestros cuerpos, atormenta nuestros cerebros.[6] Cuando uno está de duelo, no puede pensar bien. El centro de alarma del cerebro,[7] la amígdala, está hiperactivo, mientras que el centro de "regulación y planificación" del cerebro,[8] el CPF, está poco activo. Por eso las personas pueden tener problemas para realizar tareas sencillas: están perdidas en una niebla de dolor. Pueden olvidarse de hacer ejercicio, de comer, de poner el café en la máquina. Conducen directamente más allá del camino habitual.

Parte de la razón por la que estamos tan distraídos cuando vivimos el duelo es que estamos pensando en la pérdida no sólo desde nuestra propia perspectiva, sino también desde el punto de vista de nuestro ser querido perdido. Recuerda todo lo que aprendimos sobre el sistema de neuronas espejo. Esa respuesta empática que sentíamos hacia nuestra pareja cuando vivía sigue intacta incluso después de su muerte. Cuando vemos su fotografía o la visualizamos en nuestra mente, no podemos evitar imaginar lo que pensaría y sentiría sobre su propio fallecimiento. Sé que hice esto por John. Sabía que yo era la única persona de nuestra relación que seguía sufriendo, pero me concentré en *su sufrimiento*, como si él todavía lo estuviera sintiendo. Pensé: *No es justo, es demasiado joven*. Deseé una y otra vez ocupar su lugar.

Esto es parte de lo que los psicólogos llaman "rumiación del duelo". Tanto si te torturas con las posibilidades (¿qué podría haber hecho de otra manera?) como si te obsesionas con la injusticia

(¿por qué él?, ¿por qué nosotros?), en cierto modo estás reviviendo la muerte una y otra vez, visual y visceralmente. Igual que con una ruptura no deseada, las áreas cerebrales implicadas en los flashbacks y los recuerdos autobiográficos se activan. Una versión de su vida en común pasa ante tus ojos, y siempre tiene un final triste. Las áreas cerebrales implicadas en las sensaciones somáticas o corporales también se activan, lo que hace que *sientas* tu dolor emocional de forma física: opresión en el pecho o en las extremidades, falta de aire, dolores de cabeza, extrañas sensaciones de entumecimiento.

Todo este peligro psicosomático pone en alerta roja al principal detector de amenazas del cerebro. Aunque sientas que tu peor miedo ya se ha hecho realidad, la amígdala, sede de nuestros instintos de supervivencia, está funcionando a pleno rendimiento, enviando señales al hipotálamo para que libere sustancias químicas, poniendo a nuestro cuerpo en un estado constante de lucha o huida. Puedes mantener este estado durante días, incluso semanas, pero si persiste, estarás en problemas. Como sabemos muy bien a estas alturas, no estamos hechos para sentirnos así día tras día. Cuando una pérdida desencadena una respuesta de estrés que no desaparece, tiene el potencial de reconfigurar los circuitos del cerebro y atormentar la mente.

Es complicado

El duelo agudo tiene todos los sabores: algunos sienten ira, depresión, desesperanza. Algunas personas se disocian, actúan impulsivamente, se reprimen. Es común hablar del duelo en "etapas", lo que a veces hace que el proceso parezca sospechosamente como una receta. *Cinco etapas del duelo... y ¡ya está!* La verdad es que para la mayoría de la gente el duelo es un ciclón, un torbellino en el que se pueden sentir muchas cosas a la vez; o lo mismo, una y otra vez. A la gente sólo le gusta pensar en el duelo como si se tratara de pasos, esperando que éstos nos lleven a algún lugar mejor.

Para la mayoría de las personas, el paso del tiempo es útil. De seis a doce meses después de la pérdida de un ser querido salen de la niebla del dolor. Nunca volverán a ser los mismos, pero empiezan a avanzar, a explorar nuevas opciones, a levantarse de esos periodos aplastantes de aislamiento. Sin embargo, alrededor de 10 por ciento de los que han perdido a un ser querido siguen sin superarlo después del primer año. Están sumidos en lo que los psicólogos llaman "duelo complicado".[9] Se han convertido en zombis enamorados, que añoran a su amado con una sensación de anhelo urgente, aunque sepan intelectualmente que la reunión es imposible. Miren donde miren, todo les recuerda lo que no pueden tener. Un estado así le quita toda la alegría a la vida.

La relación entre el duelo ordinario y el duelo complicado es similar a la relación entre la soledad ordinaria y la soledad crónica. Tanto la soledad como el duelo son señales biológicas protectoras y evolutivamente adaptativas. La primera nos dice que necesitamos volver a conectar con los demás para sobrevivir; la segunda nos ayuda a lidiar con el trauma de la pérdida. Hay que aprender a confiar en el proceso, a aceptar los cambios cerebrales que se producen durante el duelo, a prestarles atención, a utilizar la urgencia y la extrañeza de este periodo como una invitación a sanar abrazando todas las emociones que llaman a tu puerta. Pero algunos no podemos; y vivimos un duelo complicado que, al igual que la soledad crónica, puede ser peligroso para nuestra mente, corazón y cuerpo.

Mary-Frances O'Connor, psiquiatra de la UCLA, y sus colegas mostraron a personas que sufrían un duelo —complicado o no— fotografías de sus seres amados perdidos mientras escaneaban sus cerebros. Descubrieron que una parte del sistema de recompensa del cerebro, impulsado por la dopamina (el *núcleo accumbens*),[10] se activaba en las personas con duelo complicado, pero *no* en las que sufrían un duelo ordinario. El sistema límbico —el núcleo accumbens— suele encenderse cuando anhelamos algo, cuando lo buscamos con la expectativa de que lo conseguiremos. Y los neurocientíficos han descubierto que es más sensible a la *expectativa* de una recompensa que a su *obtención*.[11]

Un duelo sano significa que, cuando ves una fotografía de tu amor perdido, entiendes que no representa una "recompensa viva", sino el recuerdo de alguien que ya no está. Por la razón que sea, quienes experimentan un duelo complicado no pueden asimilar este hecho. No están aceptando la muerte de su ser querido. En un nivel profundo, su cerebro sigue *esperando* verlos, sentirlos de nuevo. Aunque el núcleo accumbens está situado en el llamado circuito de recompensa del cerebro, su hiperactividad no es una señal de que estén sucediendo cosas buenas, sino todo lo contrario. El duelo complicado, si no se trata, puede ser tan perjudicial que algunos investigadores lo han comparado con una lesión cerebral traumática[12] y han encontrado pruebas de que puede acelerar la aparición de la demencia y otras formas de deterioro cognitivo.

Colapso

Una de las formas en que las personas con un duelo complicado intentan lidiar con su dolor es evitando pensar en la persona que han perdido. Esto tiene sentido: la evasión es una forma natural e incluso adaptativa de gestionar el sufrimiento. Pero aquí tenemos otro ejemplo de cómo un mecanismo adaptativo puede volverse contra nosotros cuando lo llevamos al extremo. Los psicólogos saben que si las personas evitan las emociones que provoca el dolor nunca lo superarán. Los estudios de seguimiento ocular[13] han demostrado que las personas que rumian más la pérdida de sus seres queridos son más propensas a *evitar* recordarlos. En conjunto, esta evasión puede consumir más energía mental de la que gastaríamos al afrontar y procesar las emociones provocadas por el duelo, lo que nos hace estar más ansiosos y menos centrados en otros aspectos de nuestra vida.

En mi caso, la evasión no era una opción. Estaba demasiado centrada en mi duelo como para esconderlo bajo la alfombra. La ausencia de John estaba a mi alrededor. Aunque no podía hacer otra cosa que enfrentarlo, eso no hacía que el pesar fuera menos doloroso. De hecho, enfrentarme a ese dolor fue lo más difícil que he hecho en mi vida. Y casi no lo logro...

Varias semanas después de perder a John, seguía llorando hasta quedarme dormida, incapaz de sentir placer en ningún aspecto de la vida. La ceremonia funeraria no me permitió sanar la herida, al contrario, sólo hizo que su ausencia fuera más real. Seguía teniendo recuerdos, viéndome con un velo negro encabezando el cortejo fúnebre en la capilla de la universidad, respirando a través del dolor, caminando hacia ¿dónde?, ¿ahora qué? Intenté seguir la vida social: hablaba con los vecinos, tomaba café con los amigos. Pero sabía que estaba deprimida, y nunca lo había estado. Tenía la mirada baja todo el tiempo. No tenía energía ni apetito. Caminaba junto a flores que no podía oler. Veía a los pájaros, pero era sorda a su canto. Comía alimentos que no podía saborear.

Intenté salir de mi caparazón de soledad. Una noche, un mes después de perder a John, un grupo de mis vecinos se reunió en nuestro edificio para ver un partido de baloncesto. Se enfrentaban los Sacramento Kings contra uno de los equipos favoritos de John, los Golden State Warriors. La sala estaba repleta, y todos se callaron cuando entré: estaban muy sorprendidos de verme, ya que básicamente había pasado las últimas cuatro semanas en reclusión. Pero todos sonrieron, felices de verme dar este paso hacia la "vida normal".

En cierto modo, había llegado a querer a esa gente: los porteros que nos habían ayudado de camino a la quimioterapia, las mujeres que se sentaron conmigo en la *shiv'ah*, la amiga que paseaba a la perra y que se encontró conmigo y con Bacio el día después de la muerte de John y supo, en el instante en que vio mi cara, lo que había pasado exactamente. Me abrazó y lloramos juntas. Toda esa gente estaba allí, pasándola bien, haciéndome señas para que me uniera a sus conversaciones. ¿Y sabes cómo me sentí yo, rodeada de sus rostros afectuosos?

Sola, completamente sola. Esto, para mí, era la prueba de que la vida sin John ya no valía la pena. Y parecía contradecir totalmente sus sencillas palabras de sabiduría, sobre cómo "no es el tiempo" sino "los demás" los que nos ayudan a superar el duelo. Subí las escaleras, abrí la puerta de nuestro apartamento y me derrumbé en el suelo. Estaba *acabada*, decidida a terminar con el sufrimiento. Sentía que mi vida había perdido el sentido. El sistema de alarma de mi cerebro, controlado por la amígdala, parecía estar autodestruyéndose, la estridente alarma negativa interfería y ahogaba el CPF racional, que normalmente envía señales inhibitorias para tranquilizar a la amígdala.[14]

Había tocado fondo. Sin embargo, milagrosamente, en ese momento, la científica que hay en mí entró en acción. Una hipótesis escéptica entró en el laberinto de mi mente desesperada: si acabar con todo era una buena idea hoy, seguiría siéndolo mañana (nunca es una buena idea).

Así que decidí consultarlo con la almohada. Pero antes de acostarme, envié una llamada de auxilio a un viejo amigo que vivía en el otro extremo del país. Lo que necesitaba entonces era un tipo de ayuda que fuera más allá de los abrazos afectuosos y las miradas preocupadas y los tazones de sopa de mis amables vecinos, esas cosas que fueron tan esenciales para que pasara las primeras semanas sin John. Lo que necesitaba ahora era que alguien me mostrara cómo ayudarme a mí misma.

Cuando me desperté por la mañana, todavía podía ver el abismo, pero sentí en cierto modo que ya no estaba en el borde. La tormenta había pasado. Y había un rayo de luz, un correo electrónico de mi amigo, en mi bandeja de entrada, un correo que, en cierto modo, me salvaría la vida.

Mi amigo era un tenista profesional retirado, alguien a quien había conocido por casualidad años atrás. Lo consideraba una especie de "mente maestra" que sabía mantener la calma en las situaciones más estresantes. Él conocía la primera parte de mi historia, cómo había pasado muchos años sola, cómo pensaba que nunca encontraría el amor hasta que conocí a John. Sin embargo, habían pasado varios años desde la última vez que intercambiamos mensajes. No sabía que John había enfermado, y mucho menos que había fallecido.

Tras unos cuantos correos electrónicos de apoyo, fijamos una hora para hablar por teléfono. No sé exactamente *qué* esperaba que me dijera. Había estado en contacto con otros amigos y familiares, personas que se desvivían por mí, que intentaban desesperadamente ayudarme, encontrar el consejo adecuado que me sacara de mi duelo. Pero nada de lo que hacían parecía funcionar.

Mi amigo se dio cuenta, tras unos minutos de conversación, de que yo pendía de un hilo. Nuestra llamada telefónica fue breve y poco sentimental. Pero dijo la verdad. Me dijo que si no podía confiar en mi mente (puesto que ya no sabía quién era), entonces tenía que confiar en mi cuerpo. Me preguntó si había un parque o algún lugar cerca de mi casa donde pudiera correr. Le hablé de una pista de poco más de tres kilómetros no muy lejana.

—Bien —dijo—, ponte los zapatos deportivos y da tres vueltas. Luego llámame mañana a la misma hora.

Él no sabía lo fuera de forma que estaba, lo frágil que era. No había corrido diez kilómetros en años. Pero como la buena estudiante que siempre fui, completé la tarea. A la mitad de la primera vuelta, estaba jadeando, sudando y cojeando, pero decidí seguir adelante. Caminé los ocho kilómetros restantes. Al día siguiente estaba tan dolorida que me apetecía quedarme en la cama todo el día, pero mi amigo (al que había empezado a llamar entrenador) me dijo que corriera otros diez kilómetros. Lo hice. Luego, otra vez. Y otra.

Todos los días, durante un año, corrí diez kilómetros. Mi entrenador también me dijo lo que debía comer, cómo equilibrar los líquidos con los sólidos, incluso lo que debía leer cada noche antes de acostarme. También me envió una lista de videos y documentales inspiradores: historias de atletas que habían pasado por un infierno, que habían perdido a sus familias o sus propias extremidades, y habían superado la pobreza extrema y los abusos para convertirse en campeones. Esas historias me animaron de alguna manera.

Me puse en contacto con mi entrenador regularmente. Aunque no respondía a todos los mensajes, cada semana tenía noticias suyas. Esta técnica intuitiva de responder de forma aparentemente aleatoria es lo que los psicólogos llaman "condicionamiento operante con proporción variable".[15] La idea era mantenerme expectante, crear recompensas impredecibles que tuvieran el efecto de alimentar el cambio de comportamiento, al mismo tiempo que se mantenía la resiliencia del sujeto.

Puede parecer contradictorio, pero a veces lo que más necesitan las personas en esos momentos no es un hombre sobre el que llorar, sino una mano que las sostenga o, en algunos casos, una leve patada en el trasero. El enfoque de mi entrenador era de amor *duro*. Si intentaba impresionarlo, me rechazaba. Cuando le dije que corría kilómetro y medio en ocho minutos, me contestó: "Mi abuela corre más rápido que tú". Recuerdo haber corrido junto al lago un día de invierno mientras el granizo me golpeaba la cara. Hacía un frío casi insoportable, pero ninguno de los dolores físicos que experimenté en aquel clima bajo cero de Chicago se acercaba al dolor emocional que me estaba esperando al volver a casa. En ese momento, deseé quedarme fuera corriendo en el frío durante días.

—Mejor correr hacia algún lugar —me dijo mi entrenador— que correr para escapar.

Al principio, lo admito, estaba huyendo. Pero a medida que iba acumulando kilómetros, sentía los efectos positivos de las conocidas hormonas que recorrían mi cuerpo y mi mente: las endorfinas, la dopamina y la serotonina. Al final, correr me ayudaría a simplificar mi complicado duelo, a salir de la oscuridad. Sobreviví aprovechando tanto la función natural del cuerpo como la resiliencia natural y la naturaleza social del cerebro. Tal y como John había sugerido, encontré fuerza en otras personas (mi entrenador, las historias de los atletas, su sentido de fortaleza interior), pero también la encontré en mí misma. Estaba corriendo hacia mi verdadero yo. Al cabo de unos meses, mi entrenador me dijo que era hora de volver a una pasión de la infancia, a un viejo amigo: el tenis. Aunque siempre he preferido los partidos individuales, me apunté a una liga de dobles femenina. Ahora estaba preparada para tener una pareja, al menos en la cancha de tenis.

Amarte, después

Hay otra historia de amor que quiero compartir contigo: la de Richard Feynman y su primera esposa, Arline Greenbaum. Feynman es un físico teórico que ya mencioné en este libro.

¿Qué tiene la física, me pregunto, que produce tantos románticos inspiradores? Además de trazar la trayectoria de las partículas subatómicas y de ganar el Premio Nobel en 1965, Feynman fue un escritor y divulgador científico cuyos numerosos libros explicaban la física al público no académico. Sin embargo, una de las mejores cosas que escribió nunca se publicó en vida. Se trata de una carta dirigida a su difunta esposa, Arline Greenbaum.

Greenbaum fue la novia de Feynman en la preparatoria. Aunque fue a la universidad y a la escuela de posgrado para seguir su ilustre carrera en física, Feynman siempre estuvo decidido a casarse con su primer amor, y lo estuvo aún más después de que a ella se le diagnosticara un caso terminal de tuberculosis. En 1941 tomaron un ferry desde Manhattan hasta Staten Island y se casaron en secreto, en el ayuntamiento. Dos desconocidos actuaron como testigos.[16] Por miedo a contraer tuberculosis, Feynman sólo pudo besar a su novia en la mejilla. Le escribió una carta casi dos años después de su muerte, y en ella se puede leer al científico racional derramando su corazón, tratando, esforzándose, luchando por comprender el misterio, el *punto*, del amor después de la muerte. Se sincera sobre lo mucho que ella significaba para él. La describe como la "mujer-idea", la "provocadora de todas sus aventuras salvajes", y confiesa que sin ella se siente solo. Comparte sus miedos internos, sus esperanzas y lo mucho que le habría gustado seguir cuidando de ella, consolándola, haciendo "pequeños proyectos" juntos: "coser ropa" o "aprender chino".

Más que cualquiera de las explicaciones científicas de este libro, en esta carta Feynman nos muestra lo que significa el verdadero amor eterno. Concluye con un verso inquietante, hermoso y sorprendente: "Amo a mi esposa. Está muerta mi esposa".[17] Luego, firma con su nombre y añade una posdata: "Por favor, disculpa que no te envíe esto, pero no conozco tu nueva dirección".

Mi última lección

Si la vida es una montaña rusa, entonces las personas que más sufrirán son las que no pueden aceptar que están atadas a una atracción, las que no pueden aceptar que las subidas y bajadas están fuera de su control. He descubierto que, ante el miedo implacable, es mucho mejor abrir los ojos y gritar; es mucho mejor aferrarse a los brazos de tu amigo, o incluso pedir al desconocido que está sentado a tu lado que te tome de la mano, que intentar controlar lo incontrolable.

Esto no lo aprendí en el laboratorio ni en la pista de atletismo. Lo aprendí haciendo paracaidismo. Fue el verano siguiente a la muerte de John. Estaba de visita en Suiza para pasar tiempo con mi familia. Para mi cumpleaños, unos viejos amigos decidieron darme una sorpresa. Me dijeron que me recogerían una mañana, y sólo me pidieron que llevara ropa cómoda y calzado deportivo para correr. Estaba emocionada, pensando que íbamos a ir de excursión a algún lugar pintoresco de los Alpes. Pero cuando llegamos al lugar no revelado, vi varios aviones diminutos parados en un prado y gente con mochilas. Entonces me di cuenta de que esas mochilas contenían paracaídas.

—¡Sorpresa! —gritaron mis amigos con grandes sonrisas.

El plan era que yo saltara en paracaídas con el instructor. Mis amigos me esperarían en tierra para poder tomar fotos. Yo estaba confundida. Creía que la amistad consistía en compartir buenos momentos juntos, no en ver a tu amiga aterrorizada. ¿No saben que tengo un miedo atroz a volar? A pesar de que he intentado hacer caso a la sabiduría de la investigación a la que he dedicado mi vida, de abrirme a lo inesperado, de "dejarme llevar", pocas cosas en la Tierra me daban más miedo que el paracaidismo.

Cuando se abrió la puerta del avión, el pánico se apoderó de mí. El instructor del tándem trató de explicarme que gritar cuando se abren las puertas del avión, y sentir esa primera ráfaga de aire en la cara, ayuda a la gente a evitar la sensación de hipoxia y a lidiar con el pánico y el miedo, muy naturales y racionales, que se producen al saltar de un avión. Gritar ayuda a tu cerebro a *aceptar* el dolor, la incomodidad. Te permite concentrarte en el momento. Gritar, al igual que el ejercicio, la risa y el llanto, libera endorfinas que afectan al sistema límbico del cerebro, las áreas que controlan el dolor y el placer. Las investigaciones han demostrado que cuando expresamos nuestro sufrimiento, cuando gritamos "¡AY!"[18] a todo volumen cuando algo nos duele, en realidad somos capaces de soportar mucho más dolor que si apretamos los dientes e intentamos reprimir nuestra reacción. Los científicos solían pensar que esos estallidos eran sólo una forma de comunicación, una señal de que se está en problemas, pero ahora los entienden también como una forma de alivio natural del dolor.

El avión era muy pequeño y el viaje se sintió increíblemente agitado. Cuando se abrió la puerta, yo estaba tan aterrada que mi atención se volvió muy selectiva. Intenté concentrarme en lo que decía el instructor, pero lo único que podía oír por encima de las hélices eran las palabras *pánico* y *grita*.

—¡Entendido!

Empecé a gritar dentro del avión, seguí gritando mientras nos hundíamos entre las nubes, grité durante todo el descenso: cuarenta segundos de caída libre, que me di cuenta casi de inmediato de que eran los mejores cuarenta segundos de mi vida desde que había perdido a mi marido. En ese momento, comprendí claramente que el miedo se sintetizaba en nuestro cerebro de la misma manera que la felicidad, que si bien no podemos controlar lo que nos sucede, sí podemos controlar cómo pensamos sobre estas cosas, aunque no siempre lo sintamos así.

Éste fue el momento en el que comprendí que la clave para mantener a John vivo y en mi vida era afrontar el dolor de recordarlo, el dolor de intentar abrazar a un fantasma. Una vez que me enfrenté a mi miedo, lo encontré a mi alrededor. Ésta fue mi última lección: amar a alguien cuando se ha ido sólo significa tenerlo más cerca, mantenerlo en la parte de tu cerebro que se siente como tu corazón.

Una teoría holística del amor

Al igual que millones de personas, me enfrenté a la pandemia sola, sin saber qué me esperaba. ¿Estaría sola el resto de mi vida? ¿Las relaciones sociales volverían a ser las mismas? ¿Volveríamos a la normalidad? La sensación de estar apartada del mundo era abrumadora. Para muchos, esa sensación era algo nuevo. Pero, para mí, era algo para lo que me había estado preparando toda mi vida. Y me intrigaba ver cómo el resto del mundo reaccionaba ante la misma sensación de aislamiento social que había caracterizado mi existencia hasta el momento en que conocí a John, y que había caído sobre mí como una avalancha tras su fallecimiento.

En cuanto llegó la pandemia, muchos de mis colegas investigadores en ciencias sociales se apresuraron a hacer experimentos, tratando de captar nuestro estado de ánimo durante este acontecimiento único en la vida. Pero yo no podía hacer experimentos: los edificios de la universidad estaban cerrados, el laboratorio paralizado y los escáneres de RMF apagados. Tuve que sentarme y ver cómo se desarrollaban las predicciones de nuestra investigación sobre la soledad en la vida real, en tiempo real. Esperaba que la pandemia, a pesar de todos sus retos, tuviera un efecto positivo en la vida social de la gente, que forzara un enorme restablecimiento mental en toda la sociedad, que la gente en nuestro mundo, cada vez más atomizada y solitaria, aprendiera a conectar con los demás y a ser más inclusiva (incluso a distancia), que aprendiera por qué es tan importante dar prioridad a las relaciones, que aprendiera que no podemos cuidar de los demás si no cuidamos de nosotros mismos.

A finales de marzo, Chicago estaba en una profunda helada y todo se estaba cerrando. Decidí que necesitaba un cambio de aires temporal. Me encanta Chicago (llueva o haga sol) pero no podía pasar otra crisis en el apartamento. Necesitaba estar en la naturaleza, rodeada de árboles y esperanza. Portland, Oregón, se me vino a la cabeza. John y yo habíamos visitado esa zona en 2015. Y fantaseábamos con instalarnos algún día allí, comprando una casita en el lago Oswego, a pocos kilómetros de la ciudad. Me llevó un tiempo, pero finalmente encontré la casa que habíamos imaginado, o una que se parecía, y la renté sin haberla visitado.

Al principio de la cuarentena, las compañías aéreas no estaban dando servicio. No era seguro viajar en trenes o autobuses. Pero tenía nuestro auto, hibernando en la cochera de nuestro edificio. Empaqué unas cuantas maletas y me fui con Bacio, nuestra shar pei. Conduje desde Chicago hasta Portland, tres días seguidos, doce horas cada día. Tomé la ruta más larga, misteriosa y hermosa del norte: Minneapolis, Fargo, Billings, Bozeman, Missoula, a través del valle de Spokane, bajando por el borde del estado de Washington, y luego a lo largo del río Columbia hasta Portland. No había nadie en la carretera.

Todos los hoteles en los que me alojé estaban completamente vacíos. A veces, entre el hielo y la nieve de Dakota del Norte y Montana, me sentía más como patinando por las carreteras vacías que conduciendo. La nieve y el fango se habían acumulado en el coche cuando llegué a la ciudad.

Una vez en Portland, viví a base de comida envasada: barritas de proteínas, sopa de microondas. Luego, una vez levantado el confinamiento, empecé a comprar verduras directamente en las granjas cercanas. Empezaba cada mañana corriendo unos cuantos kilómetros. Luego trabajaba, me comunicaba por Skype, por Zoom. Como todo el mundo, redefiní lo que era normal. Pero había algo extraño en esta nueva normalidad: apenas pasaba una semana sin que un periodista se pusiera en contacto conmigo. Primero *The New York Times*, luego *The Washington Post*, CNN, *Vogue*, *Women's Health*, *National Geographic*… todos querían consejos para sobrevivir al aislamiento social. No querían hablar con la doctora Amor, sino con el doctor Soledad. Pero como él ya no estaba, me pedían que hablara en nombre de John, que explicara la investigación que habíamos realizado juntos y mis contribuciones al desarrollo de intervenciones clínicas para ayudar a reducir los efectos del aislamiento social y facilitar la conexión social. A veces, los periodistas nos confundían, y cada vez que recibía un correo electrónico dirigido a John Cacioppo, siempre sonreía: me parecía que estos correos electrónicos de "Querido John" lo mantenían vivo.

Por supuesto, había también una nota amarga en la recepción de estos correos electrónicos: al enfrentarme a la realidad de que ya no podía reenviárselos a John, tenía que centrarme en todo lo que había perdido personalmente. Así que para superar el dolor que revivía con cada correo electrónico, tuve que sacar poco a poco a la superficie las experiencias dolorosas, para asociarlas con un recuerdo más positivo, una técnica que los psicólogos llaman terapia cognitivo-conductual (TCC), en la que, según la neuróloga Lisa Shulman, "la gente reduce sus cargas emocionales creando nuevas asociaciones mentales".[1] En mi caso, recordé cómo John se alegraba de recibir solicitudes de los medios de comunicación o cualquier correo electrónico con una pregunta sobre ciencia: le encantaban. Le daban la oportunidad de compartir sus conocimientos. Así que, con eso en mente, cada correo electrónico de "Querido John" comenzó a hacerme pensar en su sonrisa, y ahora podía ver estos correos electrónicos bajo una luz más positiva.

Al dar consejos sobre la ciencia de la soledad, traté de ser positiva y objetiva. Pero también descubrí que para ser auténtica, para

ser fiel a mí misma, para conectar con los demás, tenía que revelar-
me. Tuve que identificarme como una de las masas solitarias, aunque sólo fuera para decirle a la gente que había conseguido volver
del otro lado. Antes de la pandemia, conocía los beneficios para la
salud interpersonal[2] de compartir noticias positivas con los demás,
pero compartir experiencias *negativas* era algo nuevo para mí. La
pandemia me ayudó a comprender mejor las virtudes del intercambio colectivo y cómo podemos mejorar juntos nuestro capital social
colectivo (la fuerza interior que obtenemos de nuestras conexiones
sociales). Ahora entiendo que hablar de cosas negativas no es lo mismo que emitir energía negativa. Las emociones son simplemente
emociones, ni positivas ni negativas. Es la forma en que reaccionamos ante ellas lo que determinará si tienen un impacto positivo o
negativo en nuestra salud, nuestra felicidad y nuestra longevidad.

Para darle un sentido de estructura a mi vida, me levantaba todos los días a las 4:30 de la mañana, cuando el exterior todavía estaba oscuro, sereno y tranquilo. Meditaba, agradecía por otro día de
vida, hacía ejercicio. Luego tomaba mi laptop y me instalaba junto
a un gran ventanal. Contemplando las estrellas, sentí que esta vida
pandémica no era tan diferente de la vida en una estación espacial,
aislada pero hiperconectada. Fue en una de esas mañanas cuando
abrí mi correo electrónico y encontré un mensaje de la NASA. Era
una invitación para dar una charla virtual en la agencia espacial,
junto con los Institutos Nacionales de Salud, sobre el cerebro solitario. Me pregunté por qué demonios los astronautas podrían estar
interesados en mi investigación. Son maestros en el arte de vivir aislados. Pueden pasar un año solos en el espacio, utilizando el pensamiento positivo, las rutinas estructuradas, el ejercicio y su sentido
de propósito para mantener a raya los efectos de la soledad. Deberíamos aprender de ellos.

Este evento virtual no se parece a ningún otro en el que haya
participado. Por razones de confidencialidad, no podía ver a los

asistentes. Hablé con una oscura pantalla de computadora y respondí a preguntas fascinantes de voces no identificadas. No estoy segura de lo que le enseñé a la gente de la NASA, pero la experiencia me hizo darme cuenta de lo buena que era la metáfora de la vida en el espacio para nuestra realidad actual. Al igual que los astronautas, tuvimos que reconfigurar nuestro cerebro durante la pandemia para permanecer cerca de nuestros seres queridos, aunque a veces estuvieran muy lejos. Desde las celebraciones de cumpleaños hasta la telemedicina, tuvimos que trasladar la mayoría de nuestras comunicaciones sociales al ámbito virtual.

Durante la pandemia pasé más tiempo de lo habitual observando las estrellas. Y una noche, en la primavera de 2021, conduje tres horas al sur de Portland hasta un centro de naturaleza y observatorio espacial en la pradera de Sunriver. El guía me dijo que tenía una sincronización impecable. Según sus cálculos, en pocos minutos (a las 11:22 de la noche, para ser precisos) la Estación Espacial Internacional pasaría por encima de mí durante veinte segundos y luego desaparecería. Los rayos del sol que se reflejaban en la estación espacial la hacían lo suficientemente brillante como para verla a simple vista, y me pareció tan parecida a una estrella fugaz que, por reflejo, pedí un deseo.

Había luna llena en el cielo despejado, casi sin polución lumínica, y pensé en los astronautas allá arriba en el espacio, rodeados por ochenta y ocho constelaciones; en realidad, sólo se trata de luces ubicadas al azar hasta que la mente humana las conectó con el poder de la imaginación. Estas mismas constelaciones provocaban mi curiosidad cuando era niña, me hicieron compañía cuando era adolescente y me mostraron el camino cuando me sentí perdida años después. Las estrellas en esa oscuridad me hicieron pensar en un querido amigo que siempre me recordaba: "Hay belleza en las dificultades". A pesar de todos los retos y momentos oscuros a los que nos enfrentamos, siempre hay una nueva forma de ver las cosas, una nueva forma de conectar los puntos. A veces, sólo tenemos que dirigir la mirada hacia arriba.

Mirando objetivamente al pasado, no creo que mi historia sea única. He conocido a personas de todo tipo y color que han compartido conmigo sus propias historias de amor y desamor. Y siempre me
reconozco en su alegría y en su dolor. Sentimientos como el amor
y la soledad son universales: atraviesan todas las categorías, incluyen a todo el mundo. Una de las cosas sorprendentes de la soledad
es que, a diferencia de otros riesgos crónicos para la salud, nuestro
estatus social y económico no nos protege. El desamor nos afecta a
todos: cocineros, deportistas, enfermeros, porteros, físicos, poetas e
incluso estrellas del pop.

Por ejemplo, Céline Dion. A pesar de todas las canciones de amor
que ha hecho famosas, la mayoría de la gente no conoce su verdadera historia de amor. Céline se enamoró de su antiguo agente comercial, René Angélil, cuando acababa de convertirse en una estrella. Era
una persona a la que ella admiraba mucho, una persona que la apoyó y guio su carrera desde muy joven. René se había divorciado dos
veces. René y Céline estaban separados por más de dos décadas de
edad. La madre de Céline se opuso firmemente al matrimonio. Durante un tiempo, Céline ocultó sus verdaderos sentimientos, pero
eran demasiado poderosos, demasiado puros, para reprimirlos.

Ella y René decidieron arriesgarse en el amor. La boda fue retransmitida a nivel nacional por la televisión canadiense. Su historia de amor se desarrolló en público. Céline no ocultó nada, sentía
que no tenía nada que esconder; amaba a René. Era el único hombre
con el que había estado, el único que había besado. Compartieron
veintiún años felices juntos. En 2016, tras una larga y brutal lucha
contra el cáncer de esófago que lo obligó a pasar los últimos años de
su vida alimentándose por medio de una sonda, René murió en los

brazos de Céline, a los 63 años. Dos días después, Céline perdió a su querido hermano, también de cáncer.

Ésta es una mujer que entiende la pérdida a nivel celular, que sabe lo que es ser abrazada por el amor y probablemente ha experimentado una sobredosis de soledad. Nunca dejó marchar a René, e incluso hizo una réplica de la mano de su marido, fundida en bronce, que toma antes de salir al escenario. Casi desde el momento en que Céline enterró a René, los periodistas le preguntaban si podría imaginar enamorarse por segunda vez. Seis años después de la muerte de su marido, los sorprendió.

—Estoy enamorada —dijo.[3] Pero también seguía soltera. *Sola y enamorada*—. El amor no es necesariamente casarse de nuevo. Cuando veo un arcoíris, cuando veo una puesta de sol, cuando veo un bonito número de baile, estoy enamorada. Salgo al escenario cada noche porque *amo* lo que hago.

Lo que quiero mostrar a través de la historia de Céline, la mía o la de tantos otros que han perdido a un ser querido (y todas las lecciones que hemos aprendido sobre la neurociencia de la conexión humana) es que el amor es un concepto mucho más amplio de lo que creemos. Debemos ver este fenómeno no como una emoción aislada e inefable, sino como una necesidad cognitiva y biológica, que es medible pero siempre cambiante, y que tiene el poder de hacernos no sólo mejores compañeros, sino también mejores personas. Empecé este libro sola y lo termino sola. Sin embargo, al cerrar el ciclo, creo que he encontrado la clave del amor duradero, tanto como neurocientífica que lo estudia en un laboratorio como en calidad de ser humano que lo experimenta en la vida. La clave es tener una mente abierta. Es mucho más fácil decirlo que hacerlo, pero el proceso de abrir la mente empieza por comprender cómo funciona.

Eso es exactamente lo que tú y yo hemos intentado en este libro. Piensa en todo lo que sabemos ahora. Sabemos que el amor es una necesidad biológica. Sabemos que las conexiones sociales permitieron que el cerebro evolucionara hasta convertirse en el órgano más poderoso del universo. Sabemos que la evolución también desarrolló señales aversivas (como la soledad y el dolor) para alentarnos a cuidar de nuestro cuerpo social. Sabemos que estar solo no es sentirse solo. Sabemos que el amor no sólo nos recompensa con un subidón natural, sino que también satisface la necesidad humana de expandir nuestro yo. Sabemos que esa expansión requiere entrar en nuestro espacio interior, que seamos honestos, que seamos fieles a nosotros mismos, que *revelemos* quiénes somos. Sabemos, desde la perspectiva del cerebro, que el amor que sentimos por una persona y una pasión (como un deporte o una carrera o un propósito en la vida) son muy similares. Sabemos que no podemos amar de verdad sin involucrar la mente, el corazón *y* el cuerpo. Sabemos lo difícil que es aferrarse al amor, lo difícil que es dejarlo ir, lo perjudicial que es perderlo.

John solía decir que no hay una palabra en inglés para expresar lo opuesto a la soledad. Pero empiezo a pensar que el amor (en la forma en que ahora concibo el término, basándome en mi investigación y mi experiencia) es lo contrario de la soledad. El amor es ese sentimiento de conexión social, de plenitud, que John estuvo buscando todos esos años. Es aquello de lo que me siento rodeada hoy.

Y, termine como termine tu historia de amor, espero que ahora estés aún más inspirado para encontrarla por ti mismo.

Con todo mi amor.

Agradecimientos

Escribir estas últimas páginas es una experiencia de humildad. En lo más profundo de mi corazón, siento que cada una de las personas que he conocido a lo largo de mi vida me ha inspirado de alguna manera o me ha enseñado una lección de humanidad. Les estoy más que agradecida a todos ellos, a los que cito aquí (sin ningún orden específico), y a los que quizá no mencione pero que, a pesar de eso, son muy queridos para mí.

En primer lugar, me gustaría expresar mi eterna gratitud al amor de mi vida, al que conocí un frío día de enero y que abrigó mi corazón para siempre. Me inspiraste entonces y sigues inspirándome cada día de las formas más misteriosas y hermosas. Tu pasión, tu brillantez, tu energía, tu ética de trabajo, tu sofisticado pensamiento creativo, tu gracia y tu inagotable amor por la gente abrieron mi corazón y mi mente a un mundo que nunca había imaginado posible. Este mundo tiene una belleza y una verdad interiores que son simples y a la vez profundas. Es un mundo en el que una sonrisa puede curar las heridas de la mente; un mundo en el que la alegría, la esperanza y la innovación son abundantes, y un mundo en el que una vida con sentido es una vida conectada con los demás. Tu ausencia física todavía me pesa, pero cada día te tengo cerca en esa parte de mi mente que siente como mi corazón.

También deseo expresar mi eterna gratitud a todos los que hemos perdido. Nos inspiraron y siguen motivándonos para dar lo mejor de nosotros mismos cada día, para ser siempre curiosos, para ser amables con la gente y para no dar a nada y a nadie por hecho.

Agradezco profundamente a la familia de John y a toda mi familia su apoyo y amor continuos, y a todos aquellos que nos han proporcionado y expresado su apoyo, atención y amor. El legado de John vivirá para siempre a través de sus innovadoras teorías científicas y de todos los que fuimos tocados por él.

Un agradecimiento especial a Laura Carstensen, Jack Rowe y a todos los científicos que estuvieron con nosotros en París, por convertir un encuentro de ciencia en un encuentro de corazones.

Un agradecimiento infinito a todas las parejas que me han inspirado: mis amorosos padres, las parejas que cito en este libro, las parejas que aparecen en la columna "Modern Love" de *The New York Times* y mis amigos que viven *felices para siempre*.

Agradezco profundamente a Stephen Heyman su hermosa escritura, su mente astuta y su paciente y experta edición de los numerosos borradores de este manuscrito. Al ayudarme a traducir mi ciencia y a organizar mis ideas poéticas, ha hecho una considerable contribución a la obra tal y como se presenta hoy.

Mi profunda gratitud también para Steven Pinker, Elaine Hatfield, Richard Davidson, Giacomo Rizzolatti, Michael Gazzaniga, Scott Grafton, Jonathan Pevsner, Jean-René Duhamel, Richard Petty y Ralph Adolphs por leer borradores de capítulos o párrafos de este libro.

Una inmensa deuda de gratitud con mi agente, Katinka Matson, por su brillante mente y su firme apoyo; con mis editoras en Flatiron, Megan Lynch y Meghan Houser, por su inestimable orientación y apoyo a la hora de convertir la historia de mi vida y mis ideas en un libro, y con todos los que en Flatiron han hecho posible la publicación de este libro: Malati Chavali, Nancy Trypuc, Marlena Bittner, Erin Kibby, Christopher Smith, Kukuwa Ashun, Emily Walters, Vincent Stanley, Molly Bloom, Donna Noetzel y Bob Miller.

También quiero dar las gracias a todos los periodistas, críticos y comentaristas cuyas indagaciones y fascinantes preguntas me han desafiado en los últimos veinte años a ampliar los límites de mi mente hasta nuevas fronteras que ni siquiera había imaginado.

Un profundo agradecimiento a todos mis mentores, colegas y amigos de la comunidad científica, entre los que se encuentran Elisabetta Làdavas, Alfonso Caramazza, Giacomo Rizzolatti, Michael Gazzaniga, Scott Grafton, Paolo Bartolomeo, Steve Cole, Stefano Cappa, Michael Posner, George Wolford y Bruce McEwen. A lo largo de los años, han estimulado mi pensamiento, me han inculcado el rigor de los métodos científicos, me han enseñado los fundamentos de la neurociencia, los principios de la psicología social y cognitiva y los enfoques matemáticos complejos, sin dejar de mantener una alegre curiosidad y un sentido de la maravilla en todos los descubrimientos científicos.

En la Facultad de Medicina Pritzker de la Universidad de Chicago, estoy profundamente agradecida con todas las enfermeras, el personal y los médicos; con Kenneth S. Polonsky, el presidente del Sistema de Salud Médica de la universidad; con Conrad Gilliam, el decano de ciencias básicas; con Daniel Yohanna, el director del departamento de psiquiatría y neurociencia del comportamiento; con Bob Zimmer, el rector y antiguo presidente de la Universidad de Chicago; con Shadi Bartsch-Zimmer y a todos mis colegas por haberme proporcionado un entorno intelectual compasivo e inestimable.

Infinitas gracias a todos los participantes en la investigación por la generosidad de su tiempo y sus mentes. Agradezco a todos mis estudiantes, asistentes de investigación y asistentes de enseñanza, que han sido otra fuente de inspiración: cada uno me impresionó con su pasión, creatividad y dedicación.

También me gustaría dar las gracias a todas las universidades en las que he estudiado o trabajado. Me llevaron a superar mis límites y consagrarme a la hermosa exploración de la mente. En el Dartmouth College, me gustaría dar las gracias a Leah Sommerville, Emily Cross, Antonia Hamilton y a todos los demás colegas que también pasaron largas horas en el laboratorio generando datos sobre el cerebro, antes de subirnos a nuestros esquís para regresar a casa. En el Hospital Universitario de Ginebra, estoy profundamente agradecida con todos los pacientes por su implacable fuerza y su paz interior, y con todas las enfermeras por su infinita gracia, su asombrosa calma y su compromiso de ayudar a los pacientes en todo tipo de situaciones difíciles y emocionales. Gracias también a todos mis mentores y colegas de la planta de neurología y de los departamentos de psicología y neurociencias clínicas, especialmente a Theodor Landis, Olaf Blanke, Margitta Seeck, Christoph Michel, Marie-Dominique Martory, Françoise Bernasconi, Jean-Marie Annoni, Fabienne Perren, Stephen Perrig, Pierre Mégevand, Patrik Vuilleumier, Armin Schnider, Francesco Bianchi-Demicheli, Paul Bischof, Dominique DeZiegler, Goran Lantz y Claude-Alain Hauert. En la Universidad de California en Santa Bárbara, me gustaría dar las gracias a todos los profesores y colegas que me motivaron por ser pioneros en sus respectivos campos, especialmente Nancy Collins, Shelly Gable, Leda Cosmides y Brenda Major. En la Universidad de Syracuse, deseo agradecer a todos mis colegas su apoyo, especialmente a Amy Criss, William Hoyer, Larry Lewandowski y Brian Martens. En Argentina, agradezco a todos mis colegas del Instituto de Neurología Cognitiva, en particular a Facundo Manes, Blas Couto y Agustín Ibáñez, por sus estimulantes conversaciones, sus vastas contribuciones a nuestros trabajos científicos y su inexorable pasión por ayudar a los pacientes.

Estoy inmensamente agradecida con todos mis profesores universitarios y con mis profesores de la escuela primaria, especialmente el señor y la señora Moreau-Gaudry y el señor Roche, que me enseñaron desde muy joven a compartir el don del conocimiento.

Y, por supuesto, tengo una gran deuda de gratitud con mis entrenadores de tenis, que a lo largo de toda mi vida me han dado un profundo sentido de propósito y un amor eterno por el deporte.

Siento una inmensa gratitud con todos mis amigos de la Costa Oeste, especialmente con Candice y Roger, Marylyn y Neil, John y Sharon, y Kim, Becky, Gucci y Charlotte, por su interminable apoyo a todas las horas del día y de la noche, y con Sharon y Michael por sus mentes y corazones protectores. Me gustaría extender un agradecimiento ilimitado a todos mis amigos de Oregón por alentarme constantemente.

Un agradecimiento especial a todos mis maravillosos amigos, porteros, guardias de seguridad, personal y vecinos de Chicago. Ellos saben quiénes son. En particular, estoy más que agradecida con Fran y Marv, Jamie y Bruce, Lorna, Gail, Ann, Trish, Dawn y Tim, Shawn y Jeff, Patricia y John, Lorraine y Jon, Linda y John, Laura y John, Cathy y Craig, Debbie y Jim, Maureen y Sherwood, Mahtab y Sean, Angela, Elizabeth, Yolanda, Eric, Marvin, Cameron, Roy, Patrick, Emanuel, Arturo, Tom, Jerome, Jean-Claude, Joseph y Jacob por su eterno amor por John, su profunda fuerza interior y su espíritu de equipo.

También estoy profundamente agradecida con mis amigas Fernanda, Leila, Nisa, Sandra, Nicole, Josée, Rosie y Christiane, por su vigoroso entusiasmo, su perpetuo estímulo y su dulce amor por sus respectivas parejas e hijos. Su perverso sentido del humor y su disposición a ver partidos de futbol, asistir a partidos de tenis entre Estados Unidos y Suiza en la Copa Billie Jean King, escalar montañas, hacer yoga o simplemente compartir su pasión por el conocimiento me han animado en los últimos años.

Mi profunda gratitud a Su Alteza Real la princesa heredera de Dinamarca por su infinito apoyo y sus sinceras palabras y sonrisas sanadoras durante una época de mi vida en la que más las necesitaba; y a Jane Persson, Helle Østergaard y todos los compañeros de la

Fundación Mary, por su amor incondicional y su firme dedicación a conectar a las personas en la lucha pacífica contra la soledad.

Gracias infinitas a mi perra, Bacio, por llevarme de paseo con ella y por su amor y consuelo.

Mi humilde y respetuoso agradecimiento para mi entrenador por iluminar un camino de sanación, por enseñar con el ejemplo, por inspirarme a mirar siempre hacia arriba y hacia dentro, por inculcarme la alegría eterna de la búsqueda de la sabiduría interior a través del deporte, y por animarme a ayudar a otros.

Y, por último, pero no por ello menos importante, me gustaría expresarte mi profundo agradecimiento: por leer estas páginas, por inspirarme a escribir este libro y por compartir mi historia contigo, aunque eso significó revivir todo. Gracias por motivarme a bucear en mi interior, por ayudarme a descubrir el lado bueno de mi historia y a ver la belleza en todo... y en todos.

Continuará.

Notas

Introducción

[1] Graham Farmelo, *The Strangest Man: The Hidden Life of Paul Dirac, Mystic of the Atom*. Nueva York: Basic Books, 2011, p. 187. Véase también Richard Gunderman, "The Life-Changing Love of One of the 20th Century's Greatest Physicists", *The Conversation*, 9 de diciembre de 2015, recuperado el 1 de julio de 2021 de https://theconversation.com/the-life-changing-love-of-one-of-the-20th-cen turys-greatest-physicists-51229

[2] Graham Farmelo, *The Strangest Man: The Hidden Life of Paul Dirac, Mystic of the Atom*. Nueva York: Basic Books, 2011, pp. 284, 295-320.

[3] Nora Daly, "Single? So Are the Majority of U.S. Adults", pbs.org, 11 de septiembre de 2014, recuperado el 1 de julio de 2021 de https://www.pbs.org/newshour/nation/single-youre-not-alone

[4] Center for Translational Neuroscience, "Home Alone: The Pandemic Is Overloading Single-Parent Families", *Medium*, 11 de noviembre de 2020, recuperado el 28 de septiembre de 2021 de https://medium.com/rapid-ec-project/home-alone-the-pandemic-is-overloading-single-parent-families-c13d48d86f9e

[5] J. H. McKendrick, L. A. Campbell y W. Hesketh, "Social Isolation, Loneliness and Single Parents in Scotland", septiembre de 2018, recuperado el 28 de septiembre de 2021 de https://opfs.org.uk/wp-content/uploads/2020/02/1.-Briefing-One-180904_FINAL.pdf

[6] David Curry, "Dating App Revenue and Usage Statistics (2021)", BusinessOf Apps.com, 10 de marzo de 2021, recuperado el 1 de julio de 2021 de https://www.businessofapps.com/data/dating-app-market

[7] Tom Morris, "Dating in 2021: Swiping Left on COVID-19", Gwi.com, 2 de marzo de 2021, recuperado el 1 de julio de 2021 de https://blog.gwi.com/chart-of-the-week/online-dating/

⁸ John T. Cacioppo *et al.*, "Marital Satisfaction and Break-ups Differ Across On-line and Off-line Meeting Venues", *Proceedings of the National Academy of Sciences*, 110(25), 2013: pp. 10135-10140.

⁹ Elena Reutskaja *et al.*, "Choice Overload Reduces Neural Signatures of Choice Set Value in Dorsal Striatum and Anterior Cingulate Cortex", *Nature Human Behaviour*, 2, 2018, pp. 925-935.

¹⁰ "Lockdown Love: Pandemic Has Aged the Average Relationship Four Years", *Business Wire*, 10 de febrero de 2021, recuperado el 1 de julio de 2021 de https://www.businesswire.com/news/home/20210210005650/en/Lockdown-Love-Pandemic-Has-Aged-the-Average-Relationship-Four-Years

¹¹ Lisa Bonos, "Our Romantic Relationships Are Actually Doing Well During the Pandemic, Study Finds", *The Washington Post*, 22 de mayo de 2020, recuperado el 1 de julio de 2021 de https://www.washingtonpost.com/lifestyle/2020/05/22/marriage-relationships-coronavirus-arguments-sex-couples

¹² Pew Research Center, "Dating and Relationships in the Digital Age", mayo de 2020, recuperado el 1 de julio de 2021 de https://www.pewresearch.org/internet/2020/05/08/dating-and-relationships-in-the-digital-age

¹³ Ellen S. Berscheid y Pamela C. Regan, *The Psychology of Interpersonal Relationships*. Nueva York: Routledge, 2016, p. 429.

¹⁴ Pew Research Center, "Nearly Half of U.S. Adults Say Dating Has Gotten Harder for Most People in the Last 10 Years", agosto de 2020, recuperado el 1 de julio de 2021 de https://www.pewresearch.org/social-trends/2020/08/20/nearly-half-of-u-s-adults-say-dating-has-gotten-harder-for-most-people-in-the-last-10-years

¹⁵ Conrad Duncan, "Nearly Half of Japanese People Who Want to Get Married 'Unable to Find Suitable Partner'", *The Independent*, 19 de junio de 2019, recuperado el 1 de julio de 2021 de https:// www.independent.co.uk/news/world/asia/japan-birth-rate-marriage-partner-cabinet-survey-a8966291.html

¹⁶ Richard Fry, "The Share of Americans Living Without a Partner Has Increased, Especially Among Young Adults", Pew Research Center, 11 de octubre de 2017, recuperado el 1 de julio de 2021 de https://www.pewresearch.org/fact-tank/2017/10/11/the-share-of-americans-living-without-a-partner-has-increased-especially-among-young-adults/

¹⁷ Kate Julian, "The Sex Recession", *Atlantic*, diciembre de 2018, recuperado el 1 de julio de 2021 de https://www.theatlantic.com/magazine/archive/2018/12/the-sex-recession/573949/

¹⁸ Victor Hugo, *Les Misérables*. Nueva York: Athenaeum Society, 1897, pp. 312-313.

¹⁹ James Joyce, *Ulysses*. Oxford: Oxford University Press, 1998, p. 319.

1. El cerebro social

[1] Desmond Sheridan, "The Heart, a Constant and Universal Metaphor", *European Heart Journal*, *39*(37), 2018, pp. 3407-3409.

[2] C. U. M. Smith, "Cardiocentric Neurophysiology: The Persistence of a Delusion", *Journal of the History of the Neurosciences*, *22*(1), 2013, pp. 6-13.

[3] Beatrice C. Lacey y John I. Lacey, "Two-Way Communication Between the Heart and the Brain: Significance of Time Within the Cardiac Cycle", *American Psychologist*, *33*(2), 1978, p. 99. Véanse también Rollin McCraty *et al.*, "The Coherent Heart: Heart-Brain Interactions, Psychophysiological Coherence, and the Emergence of System-Wide Order", *Integral Review*, *5*, 2009, pp. 10-115; Antoine Lutz *et al.*, "BOLD Signal in Insula Is Differentially Related to Cardiac Function During Compassion Meditation in Experts vs. Novices", *Neuroimage*, *47*(3), 2009, pp. 1038-1046.

[4] C. C. Gillispie, *Dictionary of Scientific Biography*, vol. 1. Nueva York: Charles Scribner's Sons, 1970.

[5] William Shakespeare, *The Merchant of Venice*. Shakespeare Navigators website, 3.2, pp. 63-64.

[6] Jonathan Pevsner, "Leonardo da Vinci's Contributions to Neuroscience", *Trends in Neurosciences*, 25(4), 2002, pp. 217-220. Véase también Pevsner, "Leonardo da Vinci's Studies of the Brain", *The Lancet*, *393*, 2019, pp. 1465-1472.

[7] Sophie Fessl, "The Hidden Neuroscience of Leonardo da Vinci", Dana Foundation, 23 de septiembre de 2019, recuperado el 1 de julio de 2021 de https://dana.org/article/the-hidden-neuroscience-of-leonardo-da-vinci

[8] Frederico A. C. Azevedo *et al.*, "Equal Numbers of Neuronal and Nonneuronal Cells Make the Human Brain an Isometrically Scaled-Up Primate Brain", *Journal of Comparative Neurology*, *513*(5), 2009, pp. 532-541.

[9] Michael S. Gazzaniga, "Who Is in Charge?", *BioScience*, *61*(12), 2011, pp. 937-938.

[10] Lisbeth Marner *et al.*, "Marked Loss of Myelinated Nerve Fibers in the Human Brain with Age", *Journal of Comparative Neurology*, *462*(2), 2003, pp. 144-152, recuperado de https://doi.org/10.1002/cne.10714

[11] Paul Reber, "What Is the Memory Capacity of the Human Brain?", *Scientific American Mind*, 1 de mayo de 2010, recuperado el 1 de julio de 2021 de https://www.scientificamerican.com/article/what-is-the-memory-capacity/. Véase también Thomas Bartol Jr. *et al.*, "Nanoconnectomic Upper Bound on the Variability of Synaptic Plasticity", *eLife*, *4*, 2015, recuperado de https://elifesciences.org/articles/10778

[12] "Human Brain Can Store 4.7 Billion Books—Ten Times More Than Originally Thought", *Telegraph*, 21 de enero de 2016, recuperado el 1 de julio de 2021 de

https://www.telegraph.co.uk/news/science/science-news/12114150/Human-bra
in-can-store-4.7-billion-books-ten-times-more-than-originally-thought.html

[13] Sandra Aamodt y Sam Wang, *Welcome to Your Brain: Why You Lose Your Car
Keys but Never Forget How to Drive and Other Puzzles of Everyday Behavior*. Nueva York: Bloomsbury, 2009, p. 102. Véase también Ferris Jabr, "Does Thinking
Really Hard Burn More Calories?", *Scientific American*, 18 de julio de 2012, recuperado el 1 de julio de 2021 de https://www.scientificamerican.com/article/
thinking-hard-calories/

[14] Helen Fisher, *Anatomy of Love: A Natural History of Mating, Marriage, and Why
We Stray*. Edición revisada. Nueva York: W. W. Norton, 2017, p. 281.

[15] Robin Dunbar, "The Social Brain Hypothesis", *Evolutionary Anthropology: Issues,
News, and Reviews*, 6(5), 1998: pp. 178-190.

[16] Para una revisión sobre la forma que los humanos (y sus cerebros) evolucionaron, véase Yuval Noah Harari, *Sapiens: A Brief History of Humankind* (Nueva
York: Random House, 2014).

[17] Rebecca Von Der Heide, Govinda Vyas, e Ingrid R. Olson, "The Social Network-
Network: Size Is Predicted by Brain Structure and Function in the Amygdala
and Paralimbic Regions", *Social Cognitive and Affective Neuroscience*, 9(12), 2014,
pp. 1962-1972.

[18] Stephanie Cacioppo y John T. Cacioppo, *Introduction to Social Neuroscience*.
Princeton, NJ: Princeton University Press, 2020, pp. 77-83.

[19] Stephanie Cacioppo *et al.*, "A Quantitative Meta-analysis of Functional Imaging Studies of Social Rejection", *Scientific Reports*, 3(1), 2013, pp. 206.

[20] Stephanie Cacioppo y John T. Cacioppo, *Introduction to Social Neuroscience*.
Princeton, NJ: Princeton University Press, 2020, pp. 31-52.

[21] Michael S. Gazzaniga, *The Consciousness Instinct: Unraveling the Mystery of How
the Brain Makes the Mind*. Nueva York: Farrar, Straus and Giroux, 2018, pp. 26-27.

[22] Matthew Cobb, *The Idea of the Brain*. Nueva York: Basic Books, 2020, pp. 1-2.

2. Mente soltera

[1] Marjorie Taylor *et al.*, "The Characteristics and Correlates of Fantasy in School-
Age Children: Imaginary Companions, Impersonation, and Social Understanding", *Developmental Psychology*, 40(6), 2004, pp. 1173-1187.

[2] Junyi Yang *et al.*, "Only-Child and Non-Only-Child Exhibit Differences in Creativity and Agreeableness: Evidence from Behavioral and Anatomical Structural
Studies", *Brain Imagining Behavior*, 11(2), 2017, pp. 493-502.

[3] B. J. Casey *et al.*, "Behavioral and Neural Correlates of Delay of Gratification 40 Years Later", *Proceedings of the National Academy of Sciences*, *108*(36), 2011, pp. 14998-15003.

[4] Stephanie Cacioppo, "Neuroimaging of Love in the Twenty-First Century", en R. J. Sternberg y K. Sternberg (eds.), *The New Psychology of Love*. Cambridge: Cambridge University Press, 2019, pp. 357-368.

[5] Bruno Laeng, Oddrun Vermeer y Unni Sulutvedt, "Is Beauty in the Face of the Beholder?", *PLoS One*, *8*(7), 2013, p. e68395.

[6] Claus Wedekind *et al.*, "MHC-Dependent Preferences in Humans", *Proceedings of the Royal Society of London B (Biological Sciences)*, *260*(1359), 1995, pp. 245-249, recuperado de https://royalsocietypublishing.org/doi/10.1098/rspb.1995.0087

[7] Brain Moskalik y George W. Uetz, "Female Hunger State Affects Mate Choice of a Sexually Selected Trait in a Wolf Spider", *Animal Behaviour*, *81*(4), 2011, pp. 715-722.

[8] Elizabeth A. Lawson *et al.*, "Oxytocin Reduces Caloric Intake in Men", *Obesity*, *23*(5), 2015, pp. 950-956.

3. Pasión por el trabajo

[1] Centro Nacional para la Investigación Científica, por sus siglas en francés. (*N. del T.*)

[2] Olaf Blanke y Stephanie Ortigue, *Lignes de fuite: Vers une neuropsychologie de la peinture*. Lausana: PPUR Presses Polytechniques, 2011, pp. 113-143.

[3] *Ibid.*

[4] Para una revisión general de la neuroplasticidad, véanse Sharon Begley, *Change Your Mind, Change Your Brain: How a New Science Reveals Our Extraordinary Potential to Transform Ourselves*. Nueva York: Ballantine, 2007; y Norman Dodge, *The Brain That Changes Itself: Stories of Personal Triumph from the Frontiers of Brain Science*. Nueva York: Penguin, 2007. Dos libros de texto adicionales que abordan este tema en detalle son: Eric R. Kandel, James H. Schwartz y Thomas M. Jessell, *Principles of Neural Science*. Nueva York: McGraw-Hill, 2012; y John T. Cacioppo, Laura Freberg y Stephanie Cacioppo, *Discovering Psychology: The Science of Mind*, Boston: Cengage, 2021.

4. La máquina del amor

[1] Entre los investigadores pioneros que llevaron a cabo algunos de los primeros estudios de neuroimagen del amor romántico, se encuentran: Andreas Bar-
tels, Semir Zeki, Helen Fisher, Arthur Aron, Lucy Brown, Debra Mashek, Greg
Strong y Li Haifang.

[2] En el original, es un juego de palabras porque la alumna le pide un minuto "for
a chat" y, en francés, "chat" significa gato. (N. del T.)

[3] Francesco Bianchi-Demicheli y Stephanie Ortigue, "System and Method for
Detecting a Specific Cognitive-Emotional State in a Subject", patente de Estados Unidos núm. 8,535,060, emitida el 17 de septiembre de 2013.

[4] Joseph LeDoux, The Emotional Brain: The Mysterious Underpinnings of Emotional Life. Nueva York: Simon & Schuster, 1998, pp. 161-164.

[5] Raymond J. Dolan y Patrick Vuilleumier, "Amygdala Automaticity in Emotional
Processing", Annals of the New York Academy of Sciences, 985(1), 2003, pp. 348-
355. Véase también Stephanie Ortigue et al., "Electrical Neuroimaging Reveals
Early Generator Modulation to Emotional Words", Neuroimage, 21(4), 2004,
pp. 1242-1251.

[6] Ralph Adolphs et al., "Impaired Recognition of Emotion in Facial Expressions
Following Bilateral Damage to the Human Amygdala", Nature, 372, 1994, pp. 669-
672. Véase también David Amaral y Ralph Adolphs, eds., Living Without an
Amygdala. Nueva York: Guilford Publications, 2016.

[7] Francesco Bianchi-Demicheli, Scott T. Grafton y Stephanie Ortigue, "The
Power of Love on the Human Brain", Social Neuroscience, 1(2), 2006, pp. 90-103.

[8] Stephanie Ortigue et al., "The Neural Basis of Love as a Subliminal Prime: An
Event-Related Functional Magnetic Resonance Imaging Study", Journal of Cognitive Neuroscience, 19(7), 2007, pp. 1218-1230.

[9] Marian C. Diamond et al., "On the Brain of a Scientist: Albert Einstein", Experimental Neurology, 88(1), 1985, pp. 198-204.

[10] Stephanie Cacioppo, "Neuroimaging of Love in the Twenty-First Century", en
R. J. Sternberg y K. Sternberg (eds.), The New Psychology of Love. Cambridge:
Cambridge University Press, 2019, pp. 332-344.

[11] Emiliana R. Simon-Thomas, et al., "An fMRI Study of Caring vs Self-Focus During Induced Compassion and Pride", Social Cognitive and Affective Neuroscience, 7(6), 2012, pp. 635-648. Véase también Matthieu Ricard, Altruism: The Power
of Compassion to Change Yourself and the World. Nueva York: Little, Brown,
2015.

[12] Elaine Hatfield y Richard L. Rapson, Love and Sex: Cross-Cultural Perspectives,
Boston: Allyn & Bacon, 1996, p. 205.

5. Amor en el espejo

[1] Richard E. Petty y John T. Cacioppo, "The Elaboration Likelihood Model of Persuasion", en *Communication and Persuasion*. Nueva York: Springer, 1986, pp. 1-24.

[2] Emeran A. Mayer, "Gut Feelings: The Emerging Biology of Gut-Brain Communication", *Nature Reviews Neuroscience*, *12*(8), 2011, pp. 453-466.

[3] Daniel Kahneman, *Thinking, Fast and Slow*. Nueva York: Farrar, Straus and Giroux, 2011.

[4] John T. Cacioppo, Laura Freberg y Stephanie Cacioppo, *Discovering Psychology: The Science of Mind*, Boston: Cengage, 2021, p. 70.

[5] Alejandro Pérez, Manuel Carreiras y Jon Andoni Duñabeitia, "Brain-to-Brain Entrainment: EEG Interbrain Synchronization While Speaking and Listening", *Scientific Reports*, 7, artículo 4190, 2017. Véase también Jing Jiang *et al.*, "Neural Synchronization During Face-to-Face Communication", *Journal of Neuroscience*, *32*(45), 2012, pp. 16064-16069.

[6] John T. Cacioppo y Stephanie Cacioppo, "Decoding the Invisible Forces of Social Connections", *Frontiers in Integrative Neuroscience*, 6, 2012, p. 51. Véase también David Dignath *et al.*, "Imitation of Action-Effects Increases Social Affiliation", *Psychological Research*, *85*, 2021, pp. 1922-1933, recuperado de: https://link.springer.com/article/10.1007/s00426-020-01378-1; y Rick B. van Baaren *et al.*, "Mimicry and Prosocial Behavior", *Psychological Science*, *15*(1), 2004, pp. 71-74.

[7] Giacomo Rizzolatti y Corrado Sinigaglia, *Mirrors in the Brain: How Our Minds Share Actions and Emotions*. Nueva York: Oxford University Press, 2008, p. 115.

[8] Stephanie Ortigue *et al.*, "Understanding Actions of Others: The Electrodynamics of the Left and Right Hemispheres: A High-Density EEG Neuroimaging Study", *PLoS One*, *5*(8), 2010, p. e12160. Véase también Stephanie Ortigue *et al.*, "Spatio-Temporal Dynamics of Human Intention Understanding in Temporo-Parietal Cortex: A Combined EEG/fMRI Repetition Suppression Paradigm", *PLoS One*, *4*(9), 2009, p. e6962.

[9] Stephanie Cacioppo *et al.*, "Intention Understanding over T: A Neuroimaging Study on Shared Representations and Tennis Return Predictions", *Frontiers in Human Neuroscience*, *8*, 2014, p. 781.

[10] L. Crystal Jiang y Jeffrey T. Hancock, "Absence Makes the Communication Grow Fonder: Geographic Separation, Interpersonal Media, and Intimacy in Dating Relationships", *Journal of Communication*, *63*(3), 2013, pp. 556-577.

6. Cuando el cerebro se desliza a la derecha

1.   Anthony F. Bogaert, "Asexuality: Prevalence and Associated Factors in a National Probability Sample", *Journal of Sex Research*, *41*(3), 2004, pp. 279-287. Véase también Esther D. Rothblum, *et al.*, "Asexual and Non-asexual Respondents from a U.S. Population-Based Study of Sexual Minorities", *Archives of Sexual Behavior*, *49*, 2020, pp. 757-767.

2.   Dorothy Tennov, *Love and Limerence: The Experience of Being in Love*. Lanham, MD: Scarborough House, 1998, p. 74.

3.   G. Oscar Anderson, "Love, Actually: A National Survey of Adults 18+ on Love, Relationships, and Romance", AARP, noviembre de 2009, recuperado de: https://www.aarp.org/relationships/love-sex/info-11–2009/love_09.html

4.   Quentin Bell, *Virginia Woolf: A Biography*. Nueva York: Harcourt Brace Jovanovich, 1974, p. 185.

5.   *Ibid.*, p. 226.

6.   Joseph Campbell y Bill D. Moyers, *Joseph Campbell and the Power of Myth with Bill Moyers*, episodio 2: "The Message of Myth". Nueva York: Mystic Fire Video, 2005.

7.   Mylene Bolmont, John T. Cacioppo y Stephanie Cacioppo, "Love Is in the Gaze", *Psychological Science*, *25*(9), 2014, pp. 1748-1756.

8.   Swethasri Dravida *et al.*, "Joint Attention During Live Person-to-Person Contact Activates rTPJ, Including a Sub-Component Associated with Spontaneous Eye-to-Eye Contact", *Frontiers in Human Neuroscience*, *14*, 2020, p. 201.

9.   Ellen Berscheid y Elaine Hatfield, *Interpersonal Attraction*. Reading, MA: Addison-Wesley, 1969.

10.   Ellen Berscheid y Pamela C. Regan, *The Psychology of Interpersonal Relationships*. Nueva York: Routledge, 2016. Véase también Sarah A. Meyers y Ellen Berscheid, "The Language of Love: The Difference a Preposition Makes", *Personality and Social Psychology Bulletin*, *23*(4), 1997, pp. 347-362.

11.   Elaine Hatfield, Richard L. Rapson y Jeanette *Purvis, What's Next in Love and Sex: Psychological and Cultural Perspectives*. Nueva York: Oxford University Press, 2020; Elaine Hatfield y Richard L. Rapson, *Love and Sex: Cross-Cultural Perspectives*. Boston: Allyn & Bacon, 1996; y Elaine Hatfield y G. William Walster, *A New Look at Love*. Lanham, MD: University Press of America, 1985.

12.   Ellen Berscheid y Pamela C. Regan, *The Psychology of Interpersonal Relationships*. Nueva York: Routledge, 2016. Véase también Cyrille Feybesse y Elaine Hatfield, "Passionate Love", en R. J. Sternberg y K. Sternberg (eds.), *The New Psychology of Love*. Cambridge: Cambridge University Press, 2019, pp. 183-207; Elaine Hatfield y G. William Walster, *A New Look at Love*. Lanham, MD: University Press

of America, 1985; y Lisa M. Diamond, "Emerging Perspectives on Distinctions Between Romantic Love and Sexual Desire", *Current Directions in Psychological Science*, 13(3), 2004, pp. 116-119.

[13] Ellen Berscheid y Pamela C. Regan, *The Psychology of Interpersonal Relationships*. Nueva York: Routledge, 2016, pp. 322-352, 373-374.

[14] Helen Fisher, *Anatomy of Love: A Natural History of Mating, Marriage, and Why We Stray*. Edición revisada. Nueva York: W. W. Norton, 2017. Véanse también Helen Fisher, "Lust, Attraction, and Attachment in Mammalian Reproduction", *Human Nature*, 9(1), 1998, pp. 23-52; y Helen Fisher, "Anatomy of Love", Talks at Google, 22 de septiembre de 2016, publicado en línea el 7 de diciembre de 2016, recuperado de: https://www.youtube.com/watch?v=Wthc5hdzU1s

[15] Arthur D. Craig, "How Do You Feel— Now? The Anterior Insula and Human Awareness", *Nature Reviews Neuroscience*, 10(1), 2009. Véase también Richard J. Davidson y Sharon Begley, *The Emotional Life of Your Brain: How Its Unique Patterns Affect the Way You Think, Feel, and Live—And How You Can Change Them*. Nueva York: Penguin, 2013, pp. 318-324.

[16] Stephanie Cacioppo, "Neuroimaging of Love in the Twenty-First Century", *The New Psychology of Love*. R. J. Sternberg y K. Sternberg, eds. Cambridge: Cambridge University Press, 2019, pp. 345-356.

[17] Bernard W. Balleine, Mauricio R. Delgado y Okihide Hikosaka, "The Role of the Dorsal Striatum in Reward and Decision-Making", *Journal of Neuroscience*, 27(31), 2007, pp. 8161-8165.

[18] Stephanie Cacioppo *et al.*, "A Quantitative Meta-analysis of Functional Imaging Studies of Social Rejection", *Scientific Reports*, 3(1), 2013, pp. 1-3.

[19] Stephanie Cacioppo *et al.*, "Selective Decision-Making Deficit in Love Following Damage to the Anterior Insula", *Current Trends in Neurology*, 7, 2013, p. 15.

[20] Emily A. Stone, Aaron T. Goetz y Todd K. Shackelford, "Sex Differences and Similarities in Preferred Mating Arrangements", *Sexualities, Evolution & Gender*, 7(3), 2005, pp. 269-276.

[21] Raymond C. Rosen, "Prevalence and Risk Factors of Sexual Dysfunction in Men and Women", *Current Psychiatry Reports*, 2(3), 2000, pp. 189-195.

[22] Sinikka Elliott y Debra Umberson, "The Performance of Desire: Gender and Sexual Negotiation in Long-Term Marriage", *Journal of Marriage and Family*, 70(2), 2008, pp. 391-406.

[23] India Morrison, "Keep Calm and Cuddle On: Social Touch as a Stress Buffer", *Adaptive Human Behavior and Physiology*, 2, 2016, pp. 344-362.

7. Siempre tendremos París

[1] Ellen Williams *et al.*, "Social Interactions in Zoo-Housed Elephants: Factors Affecting Social Relationships", *Animals*, 9(10), 2019, p. 747. Véase también "Elephant Emotions", *Nature*, 14 de octubre de 2008, recuperado el 1 de julio de 2021 de https://www.pbs.org/wnet/nature/unforgettable-elephants-elephant-emotions/5886/#

[2] Robb B. Rutledge *et al.*, "A Computational and Neural Model of Happiness", *Proceedings of the National Academy of Sciences*, 111(33), 2014, pp. 12252-12257. Véase también Bastien Blain y Robb B. Rutledge, "Momentary Subjective Well-Being Depends on Learning and Not Reward", *eLife*, 9, p. e57977, recuperado de: https://elifesciences.org/articles/57977.

[3] Giulia Zoppolat, Mariko L. Visserman y Francesca Righetti, "A Nice Surprise: Sacrifice Expectations and Partner Appreciation in Romantic Relationships", *Journal of Social and Personal Relationships*, 37(2), 2020, pp. 450-466.

[4] Sara M. Szczepanski y Robert T. Knight, "Insights into Human Behavior from Lesions to the Prefrontal Cortex", *Neuron*, 83(5), 2014, pp. 1002-1018.

[5] Richard J. Davidson y Sharon Begley, *The Emotional Life of Your Brain: How Its Unique Patterns Affect the Way You Think, Feel, and Live—And How You Can Change Them*. Nueva York: Penguin, 2013, p. 43. Véanse también Kevin N. Ochsner, Jennifer A. Silvers y Jason T. Buhle, "Functional Imaging Studies of Emotion Regulation: A Synthetic Review and Evolving Model of the Cognitive Control of Emotion", *Annals of the New York Academy of Sciences*, 1251, 2012, p. E1; y James J. Gross, ed., *Handbook of Emotion Regulation*. Nueva York: Guilford, 2013.

[6] Michael S. Gazzaniga, Richard B. Ivry y G. R. Mangun, *Cognitive Neuroscience: The Biology of the Mind*. Nueva York: W. W. Norton, 2014, pp. 515-565.

[7] Kevin N. Ochsner, Jennifer A. Silvers y Jason T. Buhle, "Functional Imaging Studies of Emotion Regulation: A Synthetic Review and Evolving Model of the Cognitive Control of Emotion", *Annals of the New York Academy of Sciences*, 1251, 2012.

[8] Mariam Arain *et al.*, "Maturation of the Adolescent Brain", *Neuropsychiatric Disease and Treatment*, 9, 2013, p. 449.

[9] Michael S. Gazzaniga, Richard B. Ivry y G. R. Mangun, *Cognitive Neuroscience: The Biology of the Mind*. Nueva York: W. W. Norton, 2014, pp. 468-473. Véanse también Richard J. Davidson, Katherine M. Putnam y Christine L. Larson, "Dysfunction in the Neural Circuitry of Emotion Regulation—A Possible Prelude to Violence", *Science*, 289(5479), 2000, pp. 591-594; Antoine Bechara, Hanna Damasio y Antonio R. Damasio, "Emotion, Decision Making and the Orbitofrontal Cortex", *Cerebral Cortex*, 10(3), 2000, pp. 295-307; y Antoine Bechara, "The

Role of Emotion in Decision-Making: Evidence from Neurological Patients with Orbitofrontal Damage", *Brain and Cognition*, 55(1), 2004, pp. 30-40.

[10] Wei-Yi Ong, Christian S. Stohler y Deron R. Herr, "Role of the Prefrontal Cortex in Pain Processing", *Molecular Neurobiology*, 56(2), 2019, pp. 1137-1166.

[11] Anat Perry *et al.*, "The Role of the Orbitofrontal Cortex in Regulation of Interpersonal Space: Evidence from Frontal Lesion and Frontotemporal Dementia Patients", *Social Cognitive and Affective Neuroscience*, 11(12), 2016, pp. 1894-1901.

[12] John Darrell Van Horn *et al.*, "Mapping Connectivity Damage in the Case of Phineas Gage", *PLoS One*, 7(5), 2012, p. e37454.

[13] John M. Harlow, "Passage of an Iron Rod Through the Head", *Boston Medical and Surgical Journal*, 39(20), 1848, p. 277.

[14] Kieran O'Driscoll y John Paul Leach, "'No Longer Gage': An Iron Bar Through the Head: Early Observations of Personality Change After Injury to the Prefrontal Cortex", *BMJ*, 317(7174), 1998, pp. 1673-1674, recuperado de doi:10.1136/bmj.317.7174.1673a

[15] François Lhermitte, "Human Autonomy and the Frontal Lobes. Part II: Patient Behavior in Complex and Social Situations: The 'Environmental Dependency Syndrome'", *Annals of Neurology*, 19(4), 1986, p. 336.

[16] Valerie E. Stone, Simon Baron-Cohen y Robert T. Knight, "Frontal Lobe Contributions to Theory of Mind", *Journal of Cognitive Neuroscience*, 10(5), 1998, pp. 640-656.

[17] Aaron Kucyi *et al.*, "Enhanced Medial Prefrontal-Default Mode Network Functional Connectivity in Chronic Pain and Its Association with Pain Rumination", *Journal of Neuroscience*, 34(11), 2014, pp. 3969-3975. Véase también Camille Piguet *et al.*, "Neural Substrates of Rumination Tendency in Non-Depressed Individuals", *Biological Psychology*, 103, 2014, pp. 195-202.

[18] Richard J. Davidson, Katherine M. Putnam y Christine L. Larson, "Dysfunction in the Neural Circuitry of Emotion Regulation—a Possible Prelude to Violence", *Science*, 289(5479), 2000, pp. 591-594.

[19] Marc Palaus *et al.*, "Cognitive Enhancement via Neuromodulation and Video Games: Synergistic Effects?", *Frontiers in Human Neuroscience*, 14, 2020, p. 235. Véase también Michael S. Gazzaniga, Richard B. Ivry y G. R. Mangun, *Cognitive Neuroscience: The Biology of the Mind*. Nueva York: W. W. Norton, 2014, pp. 536-537.

[20] Cortland J. Dahl, Christine J. Wilson-Mendenhall y Richard J. Davidson, "The Plasticity of Well-Being: A Training-Based Framework for the Cultivation of Human Flourishing", *Proceedings of the National Academy of Sciences*, 117(51), 2020, pp. 32197-32206, recuperado de https://doi.org/10.1073/pnas.2014859117. Véanse también Jale Eldeleklioğlu, "Predictive Effects of Subjective Happiness, Forgiveness, and Rumination on Life Satisfaction", *Social Behavior and*

Personality, 43(9), 2015, pp. 1563-1574; y Tamlin S. Conner y Paul J. Silvia, "Creative Days: A Daily Diary Study of Emotion, Personality, and Everyday Creativity", *Psychology of Aesthetics, Creativity, and the Arts*, 9(4), 2015, p. 463.

[21] Richard J. Davidson y Sharon Begley, *The Emotional Life of Your Brain*, op. cit.; Cortland J. Dahl, Christine J. Wilson-Mendenhall y Richard J. Davidson, "The Plasticity of Well-Being: A Training-Based Framework for the Cultivation of Human Flourishing", *Proceedings of the National Academy of Sciences*, 117(51), 2020, pp. 32197-32206. Véanse también Nagesh Adluru et al., "BrainAGE and Regional Volumetric Analysis of a Buddhist Monk: A Longitudinal MRI Case Study", *Neurocase*, 26(2), 2020, pp. 79-90; y Richard J. Davidson y Antoine Lutz, "Buddha's Brain: Neuroplasticity and Meditation", *IEEE Signal Processing Magazine*, 25(1), 2008, pp. 176-174.

[22] Tammi Kral et al., "Impact of Short- and Long-Term Mindfulness Meditation Training on Amygdala Reactivity to Emotional Stimuli", *Neuroimage*, 181, 2018, pp. 301-313.

[23] Richard J. Davidson y Sharon Begley, *The Emotional Life of Your Brain*, op. cit., pp. 744-841. Véanse también Richard J. Davidson y Antoine Lutz, "Buddha's Brain: Neuroplasticity and Meditation", *IEEE Signal Processing Magazine*, 25(1), 2008, pp. 176-174; y Antoine Lutz et al., "Long-Term Meditators Self-Induce High-Amplitude Gamma Synchrony During Mental Practice", *Proceedings of the National Academy of Sciences*, 101(46), 2004, pp. 16369-16373.

[24] "The Heart-Brain Connection: The Neuroscience of Social, Emotional, and Academic Learning", YouTube, recuperado de https://www.youtube.com/watch?v=o9fVvsR-CqM

[25] Richard J. Davidson y Sharon Begley, *The Emotional Life of Your Brain*, op. cit., p. 754.

[26] *Ibid.*, pp. 158-160.

[27] Un ejemplo de aplicación para ejercitar la atención plena puede encontrarse en: Cortland J. Dahl, Christine J. Wilson-Mendenhall y Richard J. Davidson, "The Plasticity of Well-Being: A Training-Based Framework for the Cultivation of Human Flourishing", *Proceedings of the National Academy of Sciences*, 117(51), 2020, pp. 32197-32206. La aplicación es gratuita y los lectores pueden aprender al respecto en la página web: tryhealthyminds.org

[28] Gregory N. Bratman et al., "Nature Experience Reduces Rumination and Subgenual Prefrontal Cortex Activation", *Proceedings of the National Academy of Sciences*, 112(28), 2015, pp. 8567-8572. Para obtener más información sobre los beneficios de la naturaleza para la salud, véase Florence Williams, *The Nature Fix: Why Nature Makes Us Happier, Healthier, and More Creative*. Nueva York: W. W. Norton, 2017.

8. Mejor juntos

1   Sally Singer, "Ruben Toledo Remembers His Beloved Late Wife, Designer Isabel Toledo", *Vogue.com*, 17 de diciembre de 2019, recuperado el 1 de julio de 2021 de https://www.vogue.com/article/isabel-toledo-memorial

2   Allan Schore y Terry Marks-Tarlow, "How Love Opens Creativity, Play and the Arts Through Early Right Brain Development", en Terry Marks-Tarlow, Marion Solomon y Daniel J. Siegel (eds.), *Play and Creativity in Psychotherapy*. Norton Series on Interpersonal Neurobiology. Nueva York: W. W. Norton, 2017, pp. 64-91.

3   Jen-Shou Yang y Ha Viet Hung, "Emotions as Constraining and Facilitating Factors for Creativity: Companionate Love and Anger", *Creativity and Innovation Management*, 24(2), 2015, pp. 217-230; y Nel M. Mostert, "Diversity of the Mind as the Key to Successful Creativity at Unilever", *Creativity and Innovation Management*, 16(1), 2007, pp. 93-100.

4   Carsten K. W. De Dreu, Matthijs Baas y Nathalie C. Boot, "Oxytocin Enables Novelty Seeking and Creative Performance Through Upregulated Approach: Evidence and Avenues for Future Research", *Wiley Interdisciplinary Reviews: Cognitive Science*, 6(5), 2015, pp. 409-417.

5   Jens Förster, Kai Epstude y Amina Özelsel, "Why Love Has Wings and Sex Has Not: How Reminders of Love and Sex Influence Creative and Analytic Thinking", *Personality and Social Psychology Bulletin*, 35(11), 2009, pp. 1479-1491.

6   Kelly Campbell y James Kaufman, "Do You Pursue Your Heart or Your Art? Creativity, Personality, and Love", *Journal of Family Issues*, 38(3), 2017, pp. 287-311.

7   Stephanie Ortigue y Francesco Bianchi-Demicheli, "Why Is Your Spouse So Predictable? Connecting Mirror Neuron System and Self-Expansion Model of Love", *Medical Hypotheses*, 71(6), 2008, pp. 941-944. Véanse también Stephanie Ortigue *et al.*, "Implicit Priming of Embodied Cognition on Human Motor Intention Understanding in Dyads in Love", *Journal of Social and Personal Relationships*, 27(7), 2010, pp. 1001-1015; y Stephanie Cacioppo, Mylene Bolmont y George Monteleone, "Spatio-Temporal Dynamics of the Mirror Neuron System During Social Intentions", *Social Neuroscience*, 13(6), 2018, pp. 718-738.

8   Rafael Wlodarski y Robin I. M. Dunbar, "The Effects of Romantic Love on Mentalizing Abilities", *Review of General Psychology*, 18(4), 2014, pp. 313-321.

9   Arthur Aron y Elaine N. Aron, "Self-Expansion Motivation and Including Other in the Self", en Steve Duck (ed.), *Handbook of Personal Relationships: Theory, Research and Interventions*. Nueva York: John Wiley & Sons, 1997, pp. 251-270.

10 Barbara L. Fredrickson, *Love 2.0: Finding Happiness and Health in Moments of Connection*. Nueva York: Penguin, 2013, p. 49.

11 Albert Einstein, *Mileva Marić: The Love Letters*. Jürgen Renn, Robert J. Schulmann y Shawn Smith, eds. Princeton, NJ: Princeton University Press, 1992, p. 23.

12 Richard J. Davidson y William Irwin, "The Functional Neuroanatomy of Emotion and Affective Style", *Trends in Cognitive Sciences*, *3*(1), 1999, pp. 11-21; y Kristen A. Lindquist *et al.*, "The Brain Basis of Emotion: A Meta-analytic Review", *Behavioral and Brain Sciences*, *35*(3), 2012, p. 121.

13 Olaf Blanke *et al.*, "Stimulating Illusory Own-Body Perceptions", *Nature*, *419*(6904), 2002, pp. 269-270.

14 Stephanie Ortigue *et al.*, "The Neural Basis of Love as a Subliminal Prime: An Event-Related Functional Magnetic Resonance Imaging Study", *Journal of Cognitive Neuroscience*, *19*(7), 2007, pp. 1218-1230.

9. En la salud y en la enfermedad

1 Ellen S. Berscheid y Pamela C. Regan, *The Psychology of Interpersonal Relationships*. Nueva York: Routledge, 2016, pp. 31-62. Véase también Stephanie Cacioppo y John T. Cacioppo, *Introduction to Social Neuroscience*. Princeton, NJ: Princeton University Press, 2020, pp. 21-53.

2 Stephanie Cacioppo y John T. Cacioppo, *Introduction to Social Neuroscience*. Princeton, NJ: Princeton University Press, 2020, pp. 22-23.

3 Kathleen B. King y Harry T. Reis, "Marriage and Long-Term Survival After Coronary Artery Bypass Grafting", *Health Psychology*, *31*(1), 2012, p. 55.

4 Kathleen B. King *et al.*, "Social Support and Long-Term Recovery from Coronary Artery Surgery: Effects on Patients and Spouses", *Health Psychology*, *12*(1), 1993, p. 56.

5 Jean-Philippe Gouin y Janice K. Kiecolt-Glaser, "The Impact of Psychological Stress on Wound Healing: Methods and Mechanisms", *Critical Care Nursing Clinics of North America*, *24*(2), 2012, pp. 201-213.

6 Jean-Philippe Gouin *et al.*, "Marital Behavior, Oxytocin, Vasopressin, and Wound Healing", *Psychoneuroendocrinology*, *35*(7), 2010, pp. 1082-1090.

7 James A. Coan, Hillary S. Schaefer y Richard J. Davidson, "Lending a Hand: Social Regulation of the Neural Response to Threat", *Psychological Science*, *17*(12), 2006, pp. 1032-1039.

8 A. Courtney DeVries, Erica R. Glasper y Courtney E. Detillion, "Social Modulation of Stress Responses", *Physiology & Behavior*, *79*(3), 2003, pp. 399-407.

⁹ Para una visión general del sentimiento de soledad, véase John T. Cacioppo y William Patrick, *Loneliness: Human Nature and the Need for Social Connection.* Nueva York: W. W. Norton, 2008.

¹⁰ Julianne Holt-Lunstad *et al.*, "Loneliness and Social Isolation as Risk Factors for Mortality: A Meta-Analytic Review", *Perspectives on Psychological Science*, *10*(2), 2015, pp. 227-237.

¹¹ John T. Cacioppo y William Patrick, *Loneliness: Human Nature and the Need for Social Connection.* Nueva York: W. W. Norton, p. 18.

¹² John T. Cacioppo y Stephanie Cacioppo, "The Growing Problem of Loneliness", *The Lancet*, *391*(10119), 2018, p. 426. Véanse también John T. Cacioppo y Stephanie Cacioppo, "Loneliness in the Modern Age: An Evolutionary Theory of Loneliness (ETL)", *Advances in Experimental Social Psychology*, *58*, 2018, pp. 127-197; y Stephanie Cacioppo, John P. Capitanio y John T. Cacioppo, "Toward a Neurology of Loneliness", *Psychological Bulletin*, *140*(6), 2014, p. 1464.

¹³ Nicholas Epley y Juliana Schroeder, "Mistakenly Seeking Solitude", *Journal of Experimental Psychology: General*, *143*(5), 2014, p. 1980.

¹⁴ Tara Lomas *et al.*, "Gratitude Interventions", en *The Wiley Blackwell Handbook of Positive Psychological Interventions.* Nueva York: John Wiley & Sons, 2014, pp. 3-19.

¹⁵ Barbara L. Fredrickson, *Love 2.0: Finding Happiness and Health in Moments of Connection.* Nueva York: Penguin, 2013, p. 75.

¹⁶ Matthieu Ricard, *Altruism: The Power of Compassion to Change Yourself and the World.* Nueva York: Little, Brown, 2015.

¹⁷ Dawn C. Carr *et al.*, "Does Becoming a Volunteer Attenuate Loneliness Among Recently Widowed Older Adults?", *Journals of Gerontology: Series B*, *73*(3), 2018, pp. 501-510.

¹⁸ Micaela Rodriguez, Benjamin W. Bellet y Richard J. McNally, "Reframing Time Spent Alone: Reappraisal Buffers the Emotional Effects of Isolation", *Cognitive Therapy and Research*, *44*(6), 2020, pp. 1052-1067.

¹⁹ Shelly L. Gable y Harry T. Reis, "Good News! Capitalizing on Positive Events in an Interpersonal Context", *Advances in Experimental Social Psychology*, *42*, 2010, pp. 195-257. Véanse también Ariela F. Pagani *et al.*, "If You Shared My Happiness, You Are Part of Me: Capitalization and the Experience of Couple Identity", *Personality and Social Psychology Bulletin*, *46*(29), 2020, pp. 258-269; y Brett J. Peters, Harry T. Reis y Shelly L. Gable, "Making the Good Even Better: A Review and Theoretical Model of Interpersonal Capitalization", *Social and Personality Psychology Compass*, *12*(7), 2018, p. e12407.

10. La prueba del tiempo

[1] Laura L. Carstensen, Derek M. Isaacowitz y Susan T. Charles, "Taking Time Se-
    riously: A Theory of Socioemotional Selectivity", *American Psychologist*, 54(3),
    1999, p. 165. Véase también Wonjun Choi *et al.*, "'We're a Family and That Gi-
    ves Me Joy': Exploring Interpersonal Relationships in Older Women's Softball
    Using Socioemotional Selectivity Theory", *Leisure Sciences*, 2018, pp. 1-18, recu-
    perado de doi:10.1080/ 01490400.2018.1499056

[2] Quinn Kennedy, Mara Mather y Laura L. Carstensen, "The Role of Motivation
    in the Age-Related Positivity Effect in Autobiographical Memory", *Psychologi-
    cal Science*, 15(3), 2004, pp. 208-214. Véanse también Andrew E. Reed y Laura L.
    Carstensen, "The Theory Behind the Age-Related Positivity Effect", *Frontiers in
    Psychology*, 3, 2012, p. 339; y Susan Turk Charles, Mara Mather y Laura L. Carsten-
    sen, "Aging and Emotional Memory: The Forgettable Nature of Negative Images
    for Older Adults", *Journal of Experimental Psychology: General*, 132(2), 2003, p. 310.

[3] Belinda Luscombe, "The Divorce Rate Is Dropping: That May Not Actually Be
    Good News", *Time.com*, 26 de noviembre de 2018, recuperado el 1 de julio de
    2021 de https://time.com/5434949/divorce-rate-children-marriage-benefits/

[4] Roberto A. Ferdman, "How the Chance of Breaking Up Changes the Longer
    Your Relationship Lasts", *The Washington Post*, 18 de marzo de 2016, recupe-
    rado el 1 de julio de 2021 de https://www.washingtonpost.com/news/wonk/
    wp/2016/03/18/how-the-likelihood-of-breaking-up-changes-as-time-goes-by/;
    y Michael J. Rosenfeld, "Couple Longevity in the Era of Same-Sex Marriage in
    the United States", *Journal of Marriage and Family*, 76(5), 2014, pp. 905-918.

[5] Yoobin Park *et al.*, "Lack of Intimacy Prospectively Predicts Breakup", *Social
    Psychological and Personality Science*, 12(4), 2021, pp. 442-451.

[6] Helen Fisher, "Evolution of Human Serial Pair Bonding", *American Journal of
    Physical Anthropology*, 78(3), 1989, pp. 331-354.

[7] Justin A. Lavner *et al.*, "Personality Change Among Newlyweds: Patterns, Pre-
    dictors, and Associations with Marital Satisfaction over Time", *Developmental
    Psychology*, 54(6), 2018, p. 1172.

[8] Hazel Markus y Paula Nurius, "Possible Selves", *American Psychologist*, 41(9),
    1986, pp. 954-969. Véase también William James, "The Consciousness of Self",
    capítulo 10 en *The Principles of Psychology*, vol. 1. Nueva York: Henry Holt, 1890.

[9] Michael S. Gazzaniga, Richard B. Ivry y G. R. Mangun, *Cognitive Neuroscience:
    The Biology of the Mind*. Nueva York: W. W. Norton, 2014, pp. 573-578.

[10] Stephen Heyman, "Hard-Wired for Love", *The New York Times*, 17 de noviem-
    bre de 2017, recuperado el 1 de julio de 2021 de https://www.nytimes.com/
    2017/11/08/style/modern-love-neuroscience.html

[11]   Arthur Aron *et al.*, "The Experimental Generation of Interpersonal Closeness: A Procedure and Some Preliminary Findings", *Personality and Social Psychology Bulletin*, *23*(4), 1997, pp. 363-377.

[12]   Mandy Len Catron, "To Fall in Love with Anyone, Do This", *The New York Times*, 11 de enero de 2015, recuperado el 1 de julio de 2021 de https://www.nytimes.com/2015/01/11/style/modern-love-to-fall-in-love-with-anyone-do-this.html

[13]   Roy F. Baumeister, "Passion, Intimacy, and Time: Passionate Love as a Function of Change in Intimacy", *Personality and Social Psychology Review*, *3*(1), 1999, pp. 49-67; y Stephanie Cacioppo *et al.*, "Social Neuroscience of Love", *Clinical Neuropsychiatry*, *9*(1), 2012: pp. 9-13.

[14]   Marcus Mund *et al.*", Loneliness Is Associated with the Subjective Evaluation of but Not Daily Dynamics in Partner Relationships", *International Journal of Behavioral Development*, recuperado en 2020 de doi:10.1177/0165025420951246. Véase también Marcus Mund, "The Stability and Change of Loneliness Across the Life Span: A Meta-Analysis of Longitudinal Studies", *Personality and Social Psychology Review*, *24*(1), 2020, pp. 24-52.

[15]   Arif Najib *et al.*, "Regional Brain Activity in Women Grieving a Romantic Relationship Breakup", *American Journal of Psychiatry*, *161*(12), 2004, pp. 2245-2256.

[16]   "Dessa: Can We Choose to Fall Out of Love?", grabada en junio de 2018 en Hong Kong, TED video, 11'31", recuperado de https:// www.ted.com/talks/dessa_can_we_choose_to_fall_out_of_love_feb_2019. Para más información acerca de las aventuras de Dessa en la neurociencia, véase su libro de memorias: *My Own Devices: True Stories from the Road on Music, Science, and Senseless Love*. Nueva York: Dutton, 2019.

11. Náufraga

[1]   "Professor John T. Cacioppo Memorial", video, YouTube, 56'17", publicado por UChicago Social Sciences, el 7 de mayo de 2018, recuperado de: https://www.youtube.com/watch?v=Fc2uEzTptxo

12. Cómo amar a un fantasma

[1]   John T. Cacioppo, "Overcoming Isolation | AARP Foundation", YouTube video, 1'16", publicado por la AARP Foundation, el 25 de febrero de 2013, recuperado de https://www.youtube.com/watch?v=xBWGdQ_lx_A

[2] Elizabeth Mostofsky et al., "Risk of Acute Myocardial Infarction After the Death of a Significant Person in One's Life: The Determinants of Myocardial Infarction Onset Study", Circulation, 125(3), 2012, pp. 491-496.

[3] Matthew N. Peters, Praveen George y Anand M. Irimpen, "The Broken Heart Syndrome: Takotsubo Cardiomyopathy", Trends in Cardiovascular Medicine, 25(4), 2015, pp. 351-357.

[4] C. Murray Parkes, Bernard Benjamin y Roy G. Fitzgerald, "Broken Heart: A Statistical Study of Increased Mortality Among Widowers", British Medical Journal, 1(5646), 1969, pp. 740-743.

[5] M. Katherine Shear, "Complicated Grief", New England Journal of Medicine, 372(2), 2015, pp. 153-160.

[6] Lisa M. Shulman, Before and After Loss: A Neurologist's Perspective on Loss, Grief, and Our Brain. Baltimore: Johns Hopkins University Press, 2018, pp. 53-64.

[7] Manuel Fernández-Alcántara et al., "Increased Amygdala Activations During the Emotional Experience of Death-Related Pictures in Complicated Grief: An fMRI Study", Journal of Clinical Medicine, 9(3), 2020, pp. 851.

[8] Brian Arizmendi, Alfred W. Kaszniak y Mary-Frances O'Connor, "Disrupted Prefrontal Activity During Emotion Processing in Complicated Grief: An fMRI Investigation", NeuroImage, 124, 2016, pp. 968-976.

[9] Amy Paturel, "The Traumatic Loss of a Loved One Is Like Experiencing a Brain Injury", Discover, 7 de agosto de 2020, recuperado el 20 de julio de 2021 de https://www.discovermagazine.com/mind/the-traumatic-loss-of-a-loved-one-is-like-experiencing-a-brain-injury. Véase también Lisa M. Shulman, Before and After Loss: A Neurologist's Perspective on Loss, Grief, and Our Brain. Baltimore: Johns Hopkins University Press, 2018.

[10] Mary-Frances O'Connor et al., "Craving Love? Enduring Grief Activates Brain's Reward Center", Neuroimage, 42(2), 2008, pp. 969-972.

[11] Brian Knutson et al., "Anticipation of Increasing Monetary Reward Selectively Recruits Nucleus Accumbens", Journal of Neuroscience, 21(16), 2001, p. RC159.

[12] Lisa M. Shulman, Before and After Loss: A Neurologist's Perspective on Loss, Grief, and Our Brain. Baltimore: Johns Hopkins University Press, 2018, pp. 83-104.

[13] Maarten C. Eisma et al., "Is Rumination After Bereavement Linked with Loss Avoidance? Evidence from Eye-Tracking", PLoS One, 9(8), 2014, p. e104980. Para obtener más información sobre la ciencia del duelo, véase Mary-Frances O'Connor, "Grief: A Brief History of Research on How Body, Mind, and Brain Adapt", Psychosomatic Medicine, 81(8), 2019, p. 731.

[14] Richard J. Davidson y Sharon Begley, The Emotional Life of Your Brain: How Its Unique Patterns Affect the Way You Think, Feel, and Live—And How You Can Change Them. Nueva York: Penguin, 2013, pp. 285-295.

[15] John T. Cacioppo, Laura Freberg y Stephanie Cacioppo, *Discovering Psychology: The Science of Mind*. Boston: Cengage, 2021, p. 310.

[16] James Gleick, *Genius: The Life and Science of Richard Feynman*. Nueva York: Pantheon, 1992, p. 151.

[17] "Richard P. Feynman to Arline Greenbaum", 17 de octubre de 1946, en Michelle Feynman (ed.), *Perfectly Reasonable Deviations from the Beaten Track: The Letters of Richard P. Feynman*. Nueva York: Basic Books, 2005, pp. 68-69, recuperado el 20 de julio de 2021 de https://lettersofnote.com/2012/02/15/i-love-my-wife-my-wife-is-dead

[18] Genevieve Swee y Annett Schirmer, "On the Importance of Being Vocal: Saying 'Ow' Improves Pain Tolerance", *Journal of Pain*, 16(4), 2015, pp. 326-334.

Epílogo

[1] Lisa M. Shulman, *Before and After Loss: A Neurologist's Perspective on Loss, Grief, and Our Brain*. Baltimore: Johns Hopkins University Press, 2018, p. 36.

[2] Harry T. Reis *et al.*, "Are You Happy for Me? How Sharing Positive Events with Others Provides Personal and Interpersonal Benefits", *Journal of Personality and Social Psychology*, 99(2), 2010, p. 311.

[3] Catherine Thorbecke y Faryn Shiro, "3 Years After Her Husband's Death, Céline Dion Shares Advice to Overcome Loss: 'You Cannot Stop Living'", *GoodMorningAmerica.com*, 2 de abril de 2019, recuperado el 20 de julio de 2021 de https://www.goodmorningamerica.com/culture/story/years-husbands-death-celine-dion-shares-advice-overcome-62099061

Esta obra se imprimió y encuadernó
en el mes de diciembre de 2022,
en los talleres de Impregráfica Digital, S.A. de C.V.,
Av. Coyoacán 100–D, Col. Del Valle Norte,
C.P. 03103, Benito Juárez, Ciudad de México.